ICONS

EXTRA/ORDINARY OBJECTS 1

© 2003 TASCHEN GmbH
Hohenzollernring 53, D–50672 Köln
www.taschen.com

© 2003 COLORS Magazine s.r.l .
Via Villa Minelli 1, 31050 Ponzano Veneto (TV)

© 2003 Introduction: Peter Gabriel

Editor Carlos Mustienes, Madrid
Co editors Giuliana Rando, Wollongong
Valerie Williams, Victoria
Editorial assistants Lorenza Beraldo, Treviso
Giovanna Dunmall, Brussels
Editorial coordination Ute Kieseyer, Thierry Nebois, Cologne
Copy editor Barbara Walsh, New York
German editors Karen Gerhards, Hannover
Alexandra von Stosch, Bonn

Design and production Anna Maria Stillone, Sydney

Lithography Sartori Fotolito s.r.l., Treviso

Printed in Italy
ISBN 3-8228-2394-5

COLORS

EXTRA/ORDINARY OBJECTS 1

TASCHEN

KÖLN LONDON LOS ANGELES MADRID PARIS TOKYO

A chipped stone, or paleolith, tells us a lot about the needs of the early humans—to dig roots, skin animals and scrape furs. In time, more pieces were chipped off the stone to make it sharper. Then the stone was modified again and again to serve other needs. And as each new tool was developed, humans discovered new ways to use it. New tools create new needs that in turn create new objects.

People like to surround themselves with objects—it's part of our nature. It may be an anal instinct, but we like our stuff.

People are surrounded by their objects—whether they are useful, decorative, beautiful, ugly, common or rare, we can't help but leave clues everywhere as to our identity. Clues about our culture, national identity, political ideology, religious affiliation and sexual inclinations, our objects reflect who we really are and who we want to be.

Look at the process by which we decide what to keep and what to throw away. Do we value the things that have never been touched or those which we touch all the time, the most useful, or the most useless?

We can turn our objects into fetishes, imbuing them with magic and memories, with religious or sexual potency. They become objects of worship, objects of desire and objects of fear, all feeding our passions and obsessions.

To find out how and why people use certain objects, we take a closer look at them: The lipstick that's banned in Afghanistan and the toys made of banana leaves that children play with in Uganda.

We examine a football shirt that might get you beaten up in Brazil and the bras that Catholic nuns buy in Italy. They're the tools we need to live our lives.

We have made pictures of our ancestors from the things they have left behind. So it will be for the archaeologists of the future—by our objects you will know us.

Peter Gabriel

Wieso genügt schon ein behauener Stein aus der Altsteinzeit, um etwas über unsere Vorfahren zu erfahren, diente er ihnen doch lediglich dazu, Wurzeln auszugraben, Tiere zu häuten und Felle zu gerben? Aber mit der Zeit schliffen sie den Stein immer schärfer, veränderten seine Form wieder und wieder und fanden so immer neue Verwendungsmöglichkeiten für ihn. Und mit jedem Werkzeug, das er fertigte, entdeckte der Mensch neue Möglichkeiten. Neue Werkzeuge schufen neue Bedürfnisse, die ihrerseits wieder nach neuen Werkzeugen verlangten.

Es scheint, als läge es einfach in seiner Natur, dass sich der Mensch gerne mit Gegenständen umgibt. Es mag nur ein analer Instinkt sein, aber wir lieben das Zeug nun mal.

Die Dinge, mit denen wir uns umgeben – unabhängig davon, ob sie praktisch oder rein dekorativ, schön oder hässlich, alltäglich oder exotisch sind –, sind Teil unserer Identität, sie erzählen unweigerlich etwas über uns, über unsere Kultur, unsere nationale, politische, religiöse und sexuelle Heimat. An den Dingen, mit denen wir uns umgeben, kann man erkennen, wer wir sind oder wer wir gerne wären.

Es genügt bereits, sich anzusehen, was wir sammeln und was wir wegwerfen. Und woran hängen wir mehr? An Dingen, die wir nie benutzt haben, oder an denen, die ständig im Einsatz sind, an Nützlichem oder Überflüssigem?

Das ein oder andere wird sogar zum Fetisch, weil wir ihm Zauberkraft, religiöse oder sexuelle Macht zuschreiben, oder einfach, weil es uns an etwas erinnert. Egal, ob unsere Fetische Objekte der Verehrung, des Verlangens oder der Furcht sind, immer schüren sie unsere Leidenschaften und Obsessionen.

Um herauszufinden, wer aus welchem Grund und auf welche Art und Weise bestimmte Gegenstände benutzt, müssen wir sie uns nur einmal genauer anschauen, den Lippenstift, der in Afghanistan verboten ist, oder das Spielzeug aus Bananenblättern, mit dem in Uganda die Kinder spielen. Wir entdecken das Fußballhemd, wegen dem sein Träger in Brasilien zusammengeschlagen werden könnte, ebenso wie die Mieder, die katholische Nonnen in Italien bevorzugen – Dinge, die unser tägliches Leben ausmachen.

Wir können uns lediglich anhand der Dinge, die sie uns hinterlassen haben, ein Bild unserer Urahnen machen. Genauso werden die Archäologen der Zukunft sich ein Bild von uns machen – die Dinge, mit denen wir uns umgeben haben, werden unsere Geschichte erzählen.

Peter Gabriel

Welcome cat
**According to Japanese tradition,
manekinekos (beckoning cats) are supposed
to bring good luck to households—
they also beckon guests to come in.**

Begrüßungskatze
In Japan bringen *Manekinekos* traditionell
Glück ins Haus und begrüßen die Gäste.

Hungry? Try some Cheez Doodles Brand Cheese Flavored Baked Corn Puffs. Ingredients: corn meal, vegetable oil, whey, salt, modified corn starch, cultured milk, skim milk, enzymes, buttermilk, sodium caseinate, FD&C Yellow #5, FD&C Yellow #6, artificial colors, milk, monosodium glutamate, natural flavors, lactic acid, butter oil.Taste is the strongest element in food selection. Your 10,000 taste buds—sensitive nerve endings—interpret the four basic tastes (sweet, salty, sour and bitter) and send messages to the brain. The brain then combines them with smell messages from the nose and signals about texture, temperature and pain from other nerve endings. This symphony of signals gives you access to thousands of flavors, so you choose what you like and reject what you don't. Sometimes, nature helps you out: Toxins often taste bitter so you'll gag before swallowing them. But it's not foolproof: Nutritionists say the high-fat diet of Western societies is bad for us, but our taste buds don't agree. Fat is an excellent flavor carrier and has what flavor chemists call a "superior mouth feel." Without it, hamburgers wouldn't be juicy, cakes wouldn't be moist and ice cream wouldn't be smooth.

Still hungry? Try some Raspberry Marshmallow Fluff. Ingredients: corn syrup, sugar, dried egg white, natural flavor and US certified color. It is gluten-free and kosher.

Hungrig? Wie wär's mit Cheez Doodles®, gebackenen Mais-Flips mit Käsegeschmack? Zutaten: Maismehl, pflanzliches Öl, Molke, Salz, modifizierte Maisstärke, Kondensmilch, entrahmte Milch, Enzyme, Buttermilch, Natriumkaseinat, FD&C Gelb#5, FD&C Gelb#6, künstliche Farbstoffe, Milch, Natriumglutamat, natürliche Geschmacksstoffe, Milchsäure, Butteröl. Geschmack ist bei deiner Essenswahl ausschlaggebend. Deine 10 000 Geschmacksknospen – äußerst sensible Nervenenden – erkennen vier Grundgeschmacksrichtungen (süß, salzig, sauer und bitter) und senden Signale ans Gehirn. Dieses stellt eine Verbindung her zu den Geruchssignalen der Nase sowie den Informationen über Konsistenz, Temperatur und Schmerz, die von anderen Nervenenden geliefert werden. Durch dieses Zusammenspiel kannst du Tausende verschiedener Geschmacksrichtungen erkennen und dir aussuchen, was du magst und was nicht. Manchmal hilft dir die Natur dabei: Giftstoffe schmecken oft bitter, und du würgst, bevor du sie hinunterschluckst. Aber das ist nicht immer narrensicher: Ernährungswissenschaftler meinen, dass uns die fettreiche Kost westlicher Länder schadet, aber unsere Geschmacksknospen sind da anderer Meinung. Fett ist ein hervorragender Geschmacksträger und verleiht Nahrungsmitteln das, was Chemiker das "ideale Mundgefühl" nennen. Ohne Fett wären Hamburger nicht saftig, Kuchen nicht zart und Eis wäre nicht cremig.

Immer noch hungrig? Versucht mal Himbeer-Marshmallow Fluff. Zutaten: Maissirup, Zucker, Trockeneiweiß, natürliche Aromastoffe, sowie in den USA zugelassene Farbstoffe.

Liquid lunch The
USA hasn't revealed
what percentage of its
US$261 billion annual military
budget was spent developing liquid
cheeseburgers, but the result is a complete
meal plan for injured soldiers who can't eat solid
foods. Entrées include tacos, ham and cheese
soufflé, and spaghetti with meat sauce. Pea
casserole, buttered squash and lyonnaise pota-
toes are available on the side. And for dessert, if
you're still thirsty, try slurping a nice gingerbread.
The Liquid Dental Diet is available at US field hospitals worldwide. Just add water and whisk.

Flüssigmahlzeit Man weiß nicht, wieviel Prozent des amerikanischen Militärbudgets in die Entwicklung flüssiger Cheeseburger investiert wird, aber das Resultat ist ein komplettes Menü für verletzte Soldaten, die keine feste Nahrung zu sich nehmen können. Zu den Hauptgerichten zählen Tacos, Schinken-Käse-Auflauf und Spaghetti mit Fleischsoße. Als Beilage gibt es Erbsen, Kürbisgemüse mit Butter und Kartoffelgratin. Und wenn du noch Lust auf Nachtisch hast, trink einen Schluck Lebkuchen. Die Flüssigdiät gibt es in den amerikanischen Feldlazaretts auf der ganzen Welt – nur Wasser hinzufügen und umrühren.

Life-size Plastic tuna sushi—beautiful and non-perishable—is a visual way to show the menu of the day. For the ultimate Tokyo plastic food experience, go to the city's Kappabashi neighborhood: The old merchant district's few streets are chock-a-block with shops selling restaurant supplies. You will find plastic ducks, steaks, soups and everything you need to lure customers.

Lebensgroß Thunfischsushi aus Plastik – hübsch anzusehen und unverwüstlich – zeigt anschaulich, welches Tagesgericht heute angeboten wird. Wenn ihr in Tokio vom Plastikessen nicht genug kriegen könnt, besucht den Stadtteil Kappabashi: Die Straßen des ehemaligen Händlerviertels sind voller Geschäfte, die Restaurantbedarf verkaufen. Dort gibt es Enten, Steaks und Suppen aus Plastik sowie alles weitere, was man braucht, um Kunden anzulocken.

Death from overwork
(*karoshi*) has reportedly killed 30,000 people in Japan. Working an average of 2,044 hours a year (that's 400 more than the average German) can lead to burst blood vessels in the brain and exhaustion. Japanese inventors have come up with many time-saving devices to accommodate the increasingly busy lifestyle in the workplace. The handy soy sauce container above dispenses meal-size portions so you don't have to leave your desk at lunchtime.

An Überarbeitung sollen in Japan bisher 30 000 Menschen gestorben sein; der japanische Ausdruck dafür lautet *karoshi*. Japaner arbeiten im Jahr durchschnittlich 2044 Stunden (400 Stunden mehr als der Durchschnittsdeutsche). Das kann zum Gehirnschlag und zu totaler Erschöpfung führen. Japanische Erfinder haben sich zahlreiche Geräte ausgedacht, mit denen man am Arbeitsplatz Zeit sparen kann: Dieser handliche Sojasoßenspender spuckt genau die Menge aus, die für ein Mittagessen reicht, sodass der gestresste Angestellte seinen Schreibtisch nicht einmal während des Essens verlassen muss.

Crème glacée à l'huile d'olive
Olive oil and nougat ice cream made from the secret recipe developed by the late Portuguese chef José Lampière. Created for a special menu based entirely on olive oil.

Crème glacée à l'huile d'olive Olivenöl und Nougateis zubereitet nach einem Geheimrezept, das der portugiesische Küchenchef José Lampière für spezielle Menüs auf der Grundlage von Olivenöl kreierte.

Akutuq ice cream Caribou fat and seal oil whipped together, then blended with virgin snow. Garnished with fresh cranberries to cleanse the palate Arctic style.

Akutuq Eis Karibufett und Robbenöl werden schaumig geschlagen, mit Neuschnee vermischt und nach Tradition der Arktis mit frischen Preiselbeeren serviert, die zwischen zwei Gängen den Gaumen reinigen sollen.

Sugar cane Try sugar cane, a popular chew in much of South America and Africa. Take a length of cane, crush the end so that it splinters, then suck and chew. In Brazil, where 274 million tons of sugar cane were produced last year, the juice is distilled to make ethanol, a fuel for cars and buses. Unfortunately, sugar cane alone isn't enough to power humans. In northern Brazil, where sugar cane is a staple of both the economy and the diet, malnutrition has left an estimated 30 percent of the population physically stunted or mentally impaired: Sugar cane cutters (the majority of the population) don't make enough money to buy more nutritious food.

Chewing gum South Korea has a chewing gum to suit every need, from Eve (made especially for women) to Brain (for those who want to boost their intelligence). Kwangyong Shin, assistant overseas manager at the Lotte company (makers of 200 gum varieties) recommends Dentist for healthy teeth and CaféCoffee for an instant caffeine hit. KyungRae Lee at Haitai (Lotte's big rival) suggests DHA-Q, which contains a "special ingredient" that "promotes the cells of the human brain." For better vision he recommends Eye Plus, which, with its bilberry extract, " protects the nerve cells of the eyes from exterior influence."

Probiert mal Zuckerrohr, das sich in Südamerika und Afrika größter Beliebtheit erfreut. Man nehme ein Stück Zuckerrohr, quetsche ein Ende bis, es fasrig wird und kaue und lutsche daran. In Brasilien, wo letztes Jahr über 274 Millionen Tonnen geerntet wurden, wird der Saft destilliert, um Äthanol daraus herzustellen, einen Biokraftstoff für PKWs und Busse. Leider ist für den Menschen Zuckerrohr als Nahrungsmittel allein nicht ausreichend. Im Norden Brasiliens, wo Zuckerrohr die Basis der Wirtschaft wie auch der Ernährung bildet, verursacht Mangelernährung bei etwa 30 % der Bevölkerung körperliche oder geistige Behinderungen. Die Zuckerrohrschneider (der überwiegende Teil der Bevölkerung) verdienen nicht genug Geld, um sich nährstoffreichere Lebensmittel zu leisten.

Koreanischer Kaugummi

Südkorea produziert Kaugummi für jeden Bedarf: von Eve (insbesondere für Frauen, bis Brain (Intelligenzverstärker). Kwangyong Shin, stellvertretender Leiter für das Auslandsgeschäft von Lotte (Hersteller von 200 Kaugummisorten), empfiehlt Dentist für gesunde Zähne und CaféCoffee für einen sofortigen Koffein-Stoß. KyungRae Lee von Haitai (Hauptkonkurrent von Lotte) schlägt DHA-Q mit einem „speziellen Inhaltsstoff zur Aktivierung der Hirnzellen" vor. Schärferes Sehen garantiert der Blaubeerenextrakt in Eye Plus, denn „dadurch werden die Augennervzellen vor Umwelteinflüssen geschützt".

Argentines abroad can be easily identified when sipping a herbal brew called maté from a pumpkin gourd or this travel-ready plastic kit.

Easy It's the 4 percent caffeine in coffee that stimulates the heart and respiratory system and helps you stay awake. For the fastest, easiest cup of coffee, try Baritalia's self-heating espresso. Simply press the bottom of the cup, shake for 40 seconds, and sip steaming Italian roast. Hot chocolate option available.

Argentinier im Ausland sind daran zu erkennen, dass sie ihren Kräutertrank Mate aus einem Kürbis oder einem reisefertigen Plastik-behälter trinken.

Einfach und schnell Der Wachmacher im Kaffee sind die vier Prozent Koffein, die die Herztätigkeit und das Atmungssystem anregen. Eine einfache, schnelle Art, zu einer Dosis Kaffee zu kommen, hat Baritalia entwickelt: Espresso, der sich selbst erhitzt. Drückt einfach auf den Knopf auf der Tasse, schüttelt 40 Sekunden lang und schlürft die kräftige italienische Röstmischung. Das System gibt es auch für heiße Schokolade.

Dirt When South African San bushmen come home, they smear their tongues with dirt to express their love of the earth. If you can't quite manage that, try Dirt Cupcakes instead. A packet contains cupcake mix, cookie crumb toppings and gummy worms to stick on the 12 finished cakes.

Sand Wenn südafrikanische San-Buschmänner nach Hause kommen, reiben sie ihre Zunge mit Erde ein, um der Liebe zu ihrem Land Ausdruck zu verleihen. Wer das nicht ganz hinkriegt, kann es stattdessen mit Dirt Cupcakes (Sandkuchen) versuchen. Eine Packung enthält eine Plätzchen-Mischung, Streusel zur Dekoration und Gummi-Würmer, die man in die zwölf fertigen Kuchen steckt.

Barbie food Cans of Barbie Pasta Shapes in Tomato Sauce contain classic glamour shapes associated with the infamous doll: necklace, bow, heart, bouquet of flowers and high-heeled shoes. The product is targeted at young girls—3.7 million tins were sold in 1997, making it the best-selling character pasta on the market. At 248 calories per 200g can, see how many you can eat before surpassing Barbie's sexy vital statistics of 45kg, 99cm bust, 46cm waist and 84cm hips.

Barbiepasta In den Dosen mit Barbie-Pasta in Tomatensoße fanden wir die klassischen Glamour-Accessoires der berüchtigten Puppe wie Kolliers, Schleifchen, Herzen, Blumen-Bouquets und hochhackige Schuhe. Das Produkt wurde für junge Mädchen entworfen und ist mit 3,7 Millionen Dosen, die im letzten Jahr verkauft wurden, die beliebteste Pasta dieser Art. Eine 200-g-Dose enthält 248 Kalorien: Wieviel darfst du wohl davon essen, wenn du Barbies Idealmasse (45 kg, 99 cm Brust-, 46 cm Taillen- und 84 cm Hüftumfang) nicht überrunden willst?

NEW

Duncan Hines®

KIDS CUPS

Cupcake Mix
U D ✱

Dirt

Includes:
• Devil's Food
  Cupcake Mix
• Cookie Crumb
  Topping
• Gummy Worms

Liners Not Included

Daily cupcake mix
and cookie crumb
topping are Ⓤ certified

Makes
12

ADD EGG AND OIL

NET WT 9.7 OZ (274g)

Bananas "We are forced to grow bananas for other people, while there is less corn to feed our own populations," says Costa Rican farmer Wilson Campos. Intensive banana cultivation (controlled by huge multinational fruit companies like Chiquita and Del Monte) leads to deforestation and water pollution in developing countries.

Banane „Wir müssen Bananen für andere Menschen anbauen, und haben nicht mal genügend Mais, um unser eigenes Volk zu ernähren", erklärt Wilson Campos aus Costa Rica. Bananenmonokulturen (die von großen multinationalen Fruchtexportfirmen wie Chiquita und Del Monte kontrolliert werden) führen in Entwicklungsländern zur Verödung der Wälder und zur Wasserverseuchung.

Giant Growing oversize vegetables is easy and fun if you have the right seed, says Bernard Lavery of the UK. Luckily he has plenty of seeds on offer, from giant peppers to giant antirrhinum (snapdragons), hand-picked from his biggest and best plants. You have to join his seed club to get the full selection, but membership is free.

Riesen Riesige Pflanzen zu züchten ist kinderleicht und macht Spaß, vorausgesetzt, man hat das richtige Samenmaterial, erläutert Bernard Lavery aus Großbritannien. Glücklicherweise hat er sich darauf spezialisiert und jede Menge auf Vorrat, angefangen mit großwüchsigem Pfeffer bis hin zu gigantischem Löwenmaul, handverlesen von seinen größten und schönsten Pflanzen. Man muss seinem Club beitreten, um die gesamte Samenauswahl zu erhalten, die Mitgliedschaft ist jedoch kostenlos.

Bernard Lavery's Choice seeds for

GIANT VEGETABLES

CARROT
New Red Intermediate

Contains:
A Minimum of 100 Seeds

Packeted for Year End AUG '96
Sow by: AUG '98

EEC rules and standards   Standard Seed

Eco-bottle When Alfred Heineken, head of the Dutch beer company, visited the Dutch Antilles, he noticed people living in shanties and streets littered with Heineken bottles. He set out to kill two birds with one stone. His invention, the "World Bottle," is square instead of round so that it can be used as a brick.

Ökoflasche Bei einem Besuch auf den Holländischen Antillen bemerkte Alfred Heineken, der Chef der holländischen Brauerei, die improvisierten Häuser und den vielen Müll auf den Straßen, darunter jede Menge Heineken-Flaschen. Er erfand daraufhin die viereckige „Weltflasche", die leer als Baustein genutzt werden kann.

Packaging Kool-Aid, which is 92 percent packaging, is traditionally sold in powdered form. Water is added to reconstitute the drink. Enough powder to make about a liter of (artificially flavored) Kool-Aid costs US$0.21. However, you can buy the same amount of liquid in the Kool-Aid Bursts six-pack (or Squeezits, the competing brand, pictured) for $2.69—eleven times its normal price. But you do get something for your extra money: water—and packaging.

Verpackung Kool-Aid ist eine Instantlimo, die zu 92% aus Verpackung besteht. Sie wurde ursprünglich als Pulver verkauft, das man mit Wasser aufgießt, um ein Getränk zu erhalten. Das Pulver für einen Liter Kool-Aid (mit künstlichen Aromastoffen) kostet 0,21 US$.
Jetzt kann man das fertige Getränk unter dem Namen Kool-Aid Bursts im Sechserpack kaufen – oder die hier abgebildete Konkurrenzmarke Squeezits. Kostenpunkt: 2,69 US$, also elfmal teurer als das Ursprungsprodukt. Aber ihr bekommt auch mehr für euer Geld: Wasser – und die Verpackung.

Names Through supermarket loyalty cards, multinationals obtain customer databases. Procter & Gamble has the names and addresses of three-quarters of the UK's families. Kraft is said to have more than 40 million names.

Namen Durch die Treuekarten der Supermärkte kommen die großen Konzerne an die Daten der Kunden. Procter & Gamble verfügt über Namen und Adressen von drei Viertel aller britischen Familien. Von Kraft wird gesagt, dass sie über 40 Millionen Namen in ihrer Kartei hätten.

Alias In Iran, name-brand products are banned but copied. With slight modifications. Crest toothpaste, by Procter & Gamble, becomes Crend, by Iran-based Dr. Hamidi Cosmetics company.

Alias Im Iran sind Markenprodukte aus dem Westen zwar nicht erhältlich, werden aber gerne mit leichten Veränderungen kopiert. Crest-Zahnpasta von Procter & Gamble wird zu Crend von der iranischen Firma Dr. Hamidi Cosmetics.

Violin bar case It was designed in Germany for partygoers in Muslim countries, where religion forbids drinking alcohol. It's a best-seller among Saudi Arabians.

Poultry carrier This chicken cage from Zimbabwe is made from twigs tied together with the dried stalks of banana trees. It sells for Z$40 (US$5) at the Mbare market in Harare.

Die Bar im Geigenkasten wurde in Deutschland für Partylöwen in moslemischen Ländern entworfen, wo die Religion den Alkoholgenuss verbietet. In Saudi-Arabien erfreut sie sich großer Beliebtheit.

Geflügeltransporter Dieser Hühnerkäfig aus Simbabwe ist aus Zweigen und einem Geflecht aus den getrockneten Fasern von Bananenstauden gefertigt. Er wird auf dem Mbare-Markt in Harare für 40 Simbabwe-Dollar (5 US$) verkauft.

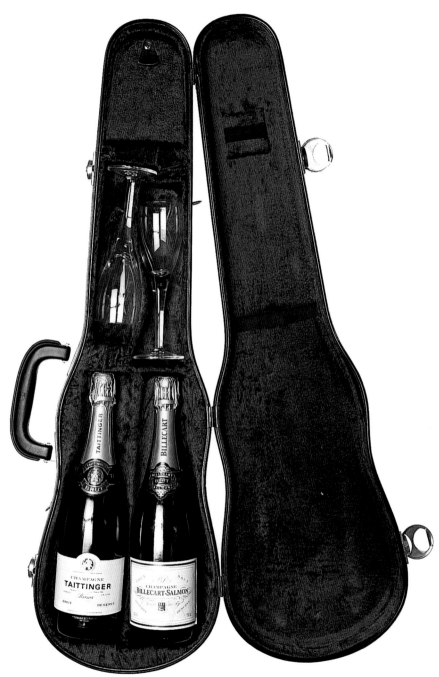

Regal This British Royal teapot isn't made of fine china. It doesn't even come from the UK—it's made in Taiwan. And you can't make tea in it. According to the manufacturers, the item is for decorative purposes only, and is not to be used as a teapot. If you have one that you can actually use, don't wash it with soap— that would alter the flavor of your tea. Use baking soda instead.

Königlich Diese königlich-britische Teekanne ist nicht aus echtem Porzellan. Sie kommt nicht einmal aus Großbritannien, sondern aus Taiwan. Und Tee kannst du damit auch nicht machen. Nach Angaben des Herstellers ist die Kanne ausschließlich für dekorative Zwecke bestimmt und nicht als Teekanne verwendbar. Wenn du eine Kanne hast, die du tatsächlich zum Teemachen benutzt, wasch sie nicht mit Seife aus – das könnte den Geschmack des Tees beeinträchtigen. Putz sie stattdessen mit Natron.

Serving *chimarrão* to house guests is considered a sign of union and friendship in southern Brazil. To prepare the drink, fill two-thirds of a *cuia* (gourd) with crushed maté leaves and top off with hot water (boiling water burns the herb). Then sip it with a *bomba* (a metal straw with a filter) and enjoy.

***Chimarrão* bietet man** seinen Gästen in Südbrasilien an, um Gastfreundschaft und Harmonie zu demonstrieren. So wird das Getränk zubereitet: zwei Drittel einer *cuia* (Flaschenkürbis) wird mit zerstoßenen Mateblättern gefüllt und mit heißem Wasser übergossen (kochendes Wasser verbrennt die Kräuter). Der Trank wird durch eine *bomba* (Strohhalm aus Metall mit Filter) geschlürft.

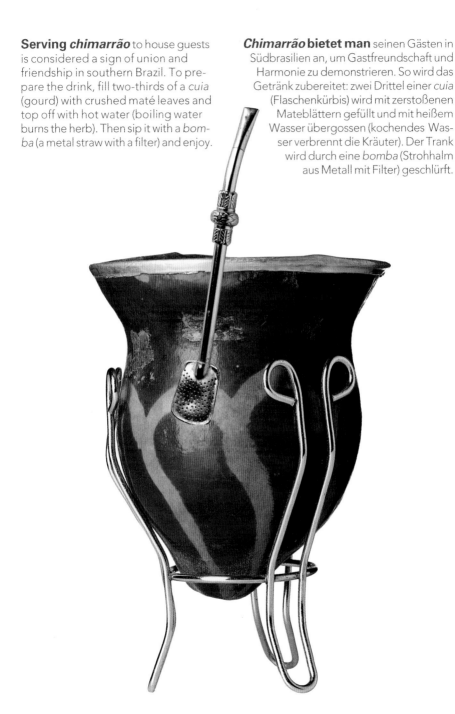

Plastic Most bottled water is packaged in plastic. In the USA alone, people empty 2.5 million plastic bottles an hour (each takes 500 years to decompose). That's why Argentinians Mirta Fasci and Luis Pittau designed EMIUM, reusable bottles that slot together like Lego bricks. Empties can be recycled and used to make furniture, or as insulation, or—when filled with cement—as construction bricks.

Plastik Das meiste Trinkwasser wird in Plastikflaschen abgefüllt. Allein in den USA werden 2,5 Millionen Plastikflaschen pro Stunde geleert – jede Flasche mit einer Verfallszeit von ca. 500 Jahren. Daher haben Mirta Fasci und Luis Pittau, beide aus Argentinien, EMIUM entworfen, wiederverwertbare Flaschen, die man wie Legosteine ineinander stecken kann. Die leeren Flaschen lassen sich recyceln und bei der Herstellung von Möbeln oder Abdichtungsmaterial weiterverwenden. Mit Zement gefüllt, werden sie zu Bausteinen.

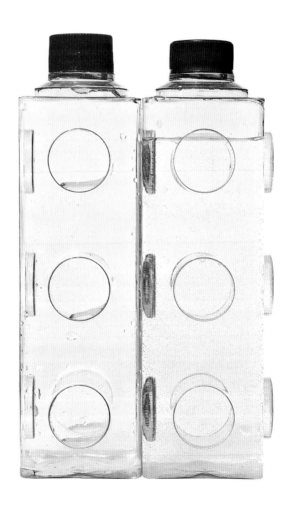

Can't find a recycling bin for your glass water bottles? Cut a bottle in half, turn it upside down, round off the rim and fuse it to a base to make a drinking glass that is environment-friendly and beautiful, too. This one is an initiative of Green Glass, a South Africa-based organization that fosters creative recycling.

Du kannst keinen Recycling-Container für deine Glasflaschen finden? Schneide eine Flasche in halber Höhe durch, dreh die obere Hälfte um, schleif den Rand ab und verschmilz sie mit einer Basis. Das gibt ein nettes, umweltfreundliches Wasserglas. Dieses hier geht auf eine Initiative von Green Glass zurück, einer Organisation mit Sitz in Südafrika, die kreatives Recycling fördert.

33

Pink and red just don't match! If you're blind, you're probably sick of sighted people telling you how to dress. So invest in some color-coded plastic buttons. Each shape represents a different color: Black is square, yellow is a flower. Simply attach a button on the edge of your clothes and your dress sense will never be questioned again.

Rosa und rot passen einfach nicht zusammen! Wenn du blind bist, hast du wahrscheinlich die Nase voll von Sehenden, die dir sagen, was du anziehen sollst. Besorg dir Plastikknöpfe für einen Farbcode. Jede Form symbolisiert eine Farbe: Quadratische Knöpfe stehen für Schwarz, eine Blume für Gelb. Näh an jedes Kleidungsstück einen solchen Knopf und orientiere dich bei der Zusammenstellung deiner Klamotten daran: Niemand wird mehr deinen guten Geschmack in Zweifel ziehen.

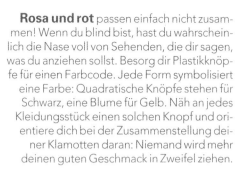

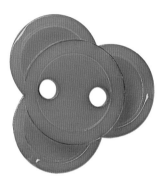

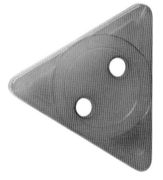

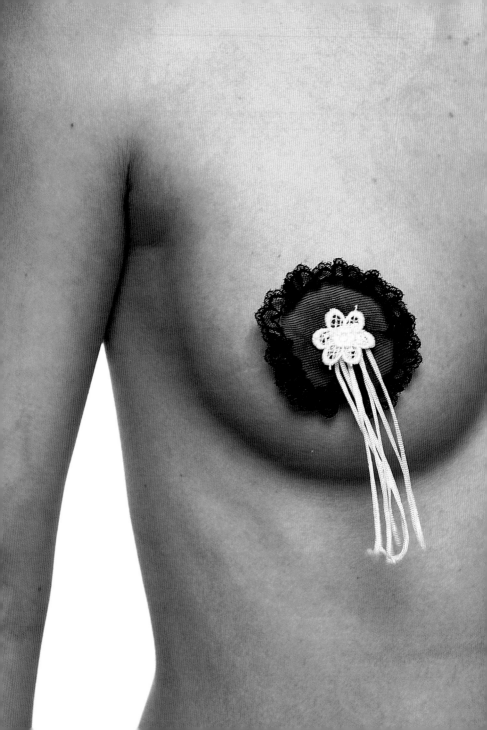

Glue Just stick them on. Somebody somewhere decided to call them "pasties" (they come with a special glue that's kind to the nipple). The Pink Pussycat store in New York City, USA, sells pairs for between US$15 and $25, depending on the style. New lines include a camouflage design for romps in the jungle and leather pasties with a 5cm spike for heavy metal fans. The Pasties Appreciation Society claims they hang better from the larger breast. According to a spokesman for Scanna, the European distributor, the pasties business is kept afloat by prostitutes, strippers and "odd" girls. The British invented them.

Sex trade In Egypt, teenage entrepreneurs tear apart Western lingerie catalogs, arrange the pictures on corkboards, and sell them on Opera Square in the center of Cairo. A 100-page Victoria's Secret catalog has a street value of E£150 (US$43, or 16 times the original UK price). Strict Muslim laws ban all forms of "pornography" in Egypt. Western magazines, for example Cosmopolitan, are readily available, but with any revealing pages torn out.

Klebt sie auf! Irgendjemand hat sie „pasties" (Kleber) getauft. Der Pink-Pussycat-Laden verkauft das Paar für 15 bis 25 US$, je nach Modell. In der neuen Kollektion gibt es auch welche mit Tarnungsmuster zum Rumtoben im Dschungel und ein Ledermodell mit 5 cm langen Spitzen für Heavy-Metal-Fans. Die Pasties Appreciation Society versichert, dass sie am besten von einer großen Brust baumeln. Ein Sprecher von Scanna, der Vertriebsfirma in Europa, meint, der Markt blühe dank Prostituierter, Stripteasetänzerinnen und abgefahrener Mädchen. Erfunden wurden sie in Großbritannien.

Sexhandel In Ägypten schneiden unternehmungslustige Teenager Bilder aus westlichen Unterwäschekatalogen aus, für Collagen auf Korkplatten, die sie auf dem Opera Square in Kairo verkaufen. Ein 100 Seiten dicker Victoria's-Secret-Katalog kostet auf dem Schwarzmarkt 150 ägyptische Pfund (43 US$), also 16 Mal mehr als der Originalpreis in Großbritannien. Das streng islamische Gesetz verbietet in Ägypten jede Art Pornografie. Westliche Zeitschriften wie Cosmopolitan werden zwar verkauft, die einschlägigen Seiten aber vorher herausgerissen.

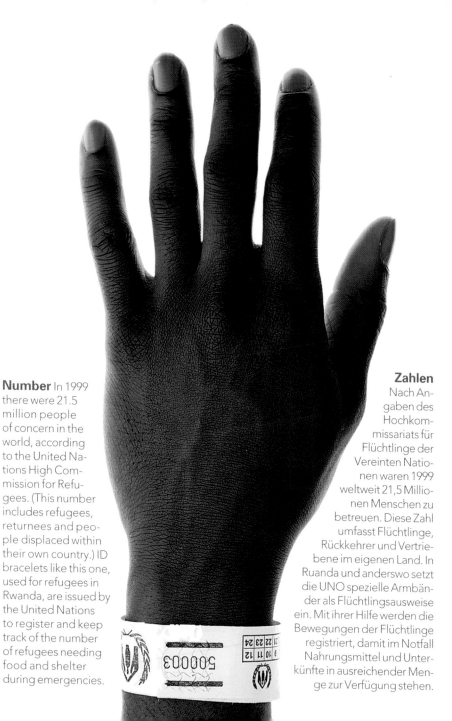

Number In 1999 there were 21.5 million people of concern in the world, according to the United Nations High Commission for Refugees. (This number includes refugees, returnees and people displaced within their own country.) ID bracelets like this one, used for refugees in Rwanda, are issued by the United Nations to register and keep track of the number of refugees needing food and shelter during emergencies.

Zahlen Nach Angaben des Hochkommissariats für Flüchtlinge der Vereinten Nationen waren 1999 weltweit 21,5 Millionen Menschen zu betreuen. Diese Zahl umfasst Flüchtlinge, Rückkehrer und Vertriebene im eigenen Land. In Ruanda und anderswo setzt die UNO spezielle Armbänder als Flüchtlingsausweise ein. Mit ihrer Hilfe werden die Bewegungen der Flüchtlinge registriert, damit im Notfall Nahrungsmittel und Unterkünfte in ausreichender Menge zur Verfügung stehen.

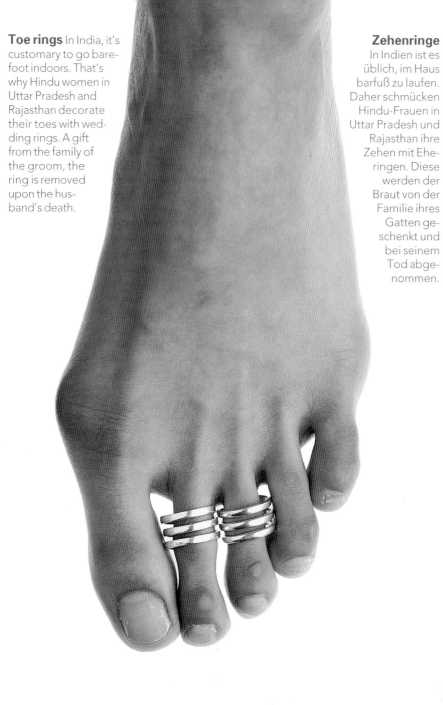

Toe rings In India, it's customary to go barefoot indoors. That's why Hindu women in Uttar Pradesh and Rajasthan decorate their toes with wedding rings. A gift from the family of the groom, the ring is removed upon the husband's death.

Zehenringe In Indien ist es üblich, im Haus barfuß zu laufen. Daher schmücken Hindu-Frauen in Uttar Pradesh und Rajasthan ihre Zehen mit Eheringen. Diese werden der Braut von der Familie ihres Gatten geschenkt und bei seinem Tod abgenommen.

The earring at right is handcrafted in Mozambique and has a durable cardboard core wrapped in the distinctive coral-colored packaging of Palmar-brand cigarettes. They're available at Arte Dif, a craft shop in Maputo that sells items made by war victims, for 4,000 meticais (US$0.50) a pair.

Bullets These earrings from Cambodia are made out of bullet shells left over from the regime of the Khmer Rouge. There probably aren't that many around, though— soldiers were instructed to save bullets. Slitting throats was a popular killing method for adults, as was anything involving farm tools or bricks. For children, smashing skulls against walls was more common.

Moose droppings were popular souvenirs in Norway during the 1994 Lillehammer Olympics. In Sweden, they're always popular—2,000 jars a year are sold. If you don't want a whole jar, go for the dangling clip-on earrings made from them.

Diese Ohrringe aus Mosambik sind handgemacht und bestehen aus einem festen Kartonkern, der im typischen Korallenrot der *Palmar*-Zigarettenpackungen dekorativ umkleidet ist. Man bekommt sie für 4000 Metikais (0,50 US$) das Paar bei Arte Dif, einem Laden für Kunsthandwerk in Maputo. Er verkauft Objekte, die von Kriegsopfern hergestellt werden.

Geschosse Diese Ohrringe aus Kambodscha sind aus Patronenhülsen gefertigt, einem Überbleibsel aus der Zeit der Schreckensherrschaft der Roten Khmer. Allzu viele gibt es davon allerdings nicht – die Soldaten waren angewiesen, Munition zu sparen. Daher wurde Erwachsenen oft die Kehle durchgeschnitten, oder man brachte sie mit landwirtschaftlichen Geräten oder Steinen um. Kindern wurde an der nächsten Mauer kurzerhand der Schädel eingeschlagen.

Elchkot war bei den Olympischen Winterspielen 1994 im norwegischen Lillehammer ein beliebtes Souvenir. In Schweden ist er immer sehr gefragt. Jährlich werden 2000 Töpfe davon verkauft. Wenn ihr keinen ganzen Fladen wollt, empfehlen sich die unwiderstehlichen Elchkot-Ohrclips.

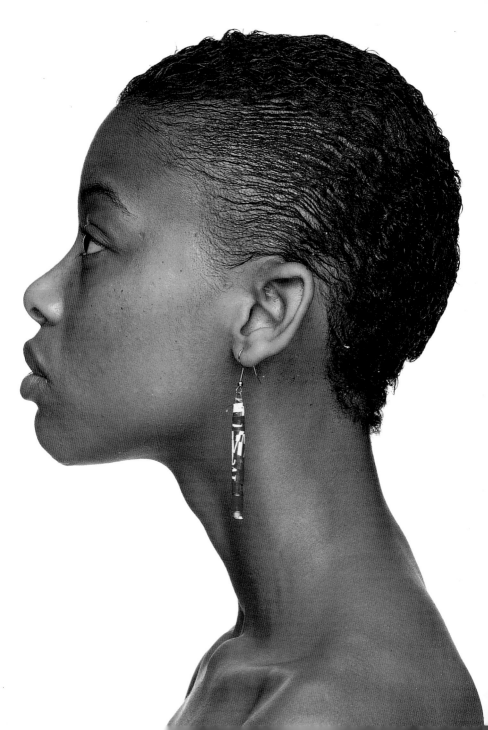

Aryan costume What do racist bigots give their kids to play with? These fetching satin robes are quite popular, according to the North Carolina, USA, chapter of the Knights of the Ku Klux Klan. Dedicated to "the preservation of the White race," KKK members don a similar outfit for ceremonies. Although young Knights rarely take part in public outings, they can practice dressing up at home in costumes made to order in small sizes by the KKK's Anna Veale. Optional KKK accessories include a toy monkey hung by a noose from a belt (it represents a person of African descent). Dwindling membership— down from five million in 1920 to 2,500 in 1998— has been bad for the toy robe business, though. And with only "pure White Christian members of non-Jewish, non-Negro and non-Asian descent" welcome, the KKK has already eliminated most of its global customer base.

Ethnic bandage Every day, millions of people worldwide reach for a Band-Aid. According to its makers, Johnson & Johnson, this sterile adhesive dressing is one of "the world's most trusted woundcare products." Not everyone can wear them discreetly, though: The pinkish hue of Band-Aids stands out glaringly on dark flesh. Now, however, darker-skinned people can dress their wounds with Multiskins, the "adhesive bandages for the human race." Produced in the USA, the "ethnically sensitive" dressings come in three shades of brown.

Arier-Kostüme Was geben bigotte Rassisten ihren Kindern zum Spielen? Diese eleganten Satinkleider seien ziemlich beliebt, heißt es bei den Rittern des Klu-Klux-Klan von North Carolina, USA. KKK-Mitglieder, die sich der „Bewahrung der weißen Rasse" verschrieben haben, tragen ein ähnliches Outfit bei ihren Zeremonien. Obwohl junge Ritter selten an öffentlichen Auftritten teilnehmen, können sie schon mal zu Hause üben, denn es gibt die Kostüme auch in kleinen Größen zu bestellen: bei Anna Veale vom KKK. Nach Wunsch gibt es auch einen Spielzeugaffen dazu, den man sich an den Gürtel hängen kann – er steht für eine Person afrikanischer Abstammung. Der Mitgliederschwund beim KKK – von 5 Millionen 1920 auf 2500 im Jahr 1998 – hat dem Spielroben-Geschäft jedoch ziemlich geschadet. Und da der KKK ausschließlich „rein weiße christliche Mitglieder nicht-jüdischer, nicht-negroider und nicht-asiatischer Abstammung" aufnimmt, hat er den Großteil des weltweiten Kundenpotentials von vornherein ausgeschlossen.

Ethno-Pflaster Jeden Tag greifen Millionen Menschen in aller Welt zu einem Pflaster. Nach Angaben der Hersteller Johnson & Johnson sind diese sterilen Heftpflaster eines der „weltweit meistverwendeten Produkte zur Wundpflege". Allerdings kann nicht jeder sie so diskret tragen, wie er vielleicht möchte: So ein rosa Pflaster sieht man auf dunkler Haut meilenweit. Es gibt jetzt aber eine Alternative für Dunkelhäutige, nämlich Multiskins, das „Heftpflaster für alle Menschen". Die „ethnisch korrekten" Pflaster werden in den USA hergestellt und sind in drei Brauntönen erhältlich.

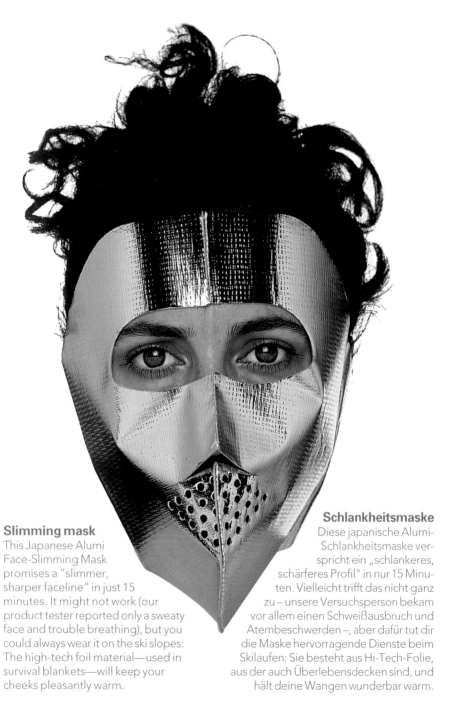

Slimming mask

This Japanese Alumi Face-Slimming Mask promises a "slimmer, sharper faceline" in just 15 minutes. It might not work (our product tester reported only a sweaty face and trouble breathing), but you could always wear it on the ski slopes: The high-tech foil material—used in survival blankets—will keep your cheeks pleasantly warm.

Schlankheitsmaske

Diese japanische Alumi-Schlankheitsmaske verspricht ein „schlankeres, schärferes Profil" in nur 15 Minuten. Vielleicht trifft das nicht ganz zu – unsere Versuchsperson bekam vor allem einen Schweißausbruch und Atembeschwerden –, aber dafür tut dir die Maske hervorragende Dienste beim Skilaufen: Sie besteht aus Hi-Tech-Folie, aus der auch Überlebensdecken sind, und hält deine Wangen wunderbar warm.

The paintball face mask is thickly padded to minimize bruises from the 300km-per-hour capsules of paint opponents fire at one another (frequently from within 10m!). The goggle lenses can withstand a shotgun blast from 20m.

Die Farbball-Gesichtsmaske ist gut ausgepolstert, um den Aufprall der Farbkapseln mit 300 km/h, mit denen man vom Gegner – oft aus weniger als 10 m Entfernung! – beschossen wird, möglichst gut zu dämpfen. Die Gläser der Maske halten Schüsse aus einer Entfernung von 20 m aus.

Baseball catchers wear face masks of steel wire coated with rubber to protect against balls speeding toward them at 130km per hour.

Baseball-Fänger tragen eine Maske aus Stahlgitter mit Gummiüberzug, um vor dem Ball sicher zu sein, der mit 130 km/h auf sie zuschießt.

The fencing helmet is a face mask of dense steel mesh, girded by a bib of leather or Kevlar (an industrial material that is virtually bulletproof).

Die Fechtmaske besteht aus engen Drahtmaschen und einem Halslatz aus Leder oder Kevlar, einem Kunstgewebe, das praktisch kugelsicher ist.

Nippon Kempo, developed in Japan in the 1960s, combines the martial arts of karate, judo and jujitsu. Because the head is a target for kicks and punches, contestants wear a face mask of five metal bars, a compromise between visibility and protection.

Nippon Kempo, das in den 1960er Jahren in Japan erfunden wurde, ist eine Kombination aus den Kampfsportarten Karate, Judo und Jiu-jitsu. Da der Kopf Zielscheibe für Schläge und Tritte ist, tragen die Kämpfer eine Maske mit einem Gitter aus fünf Metallstangen, durch die man sehen kann und trotzdem geschützt ist.

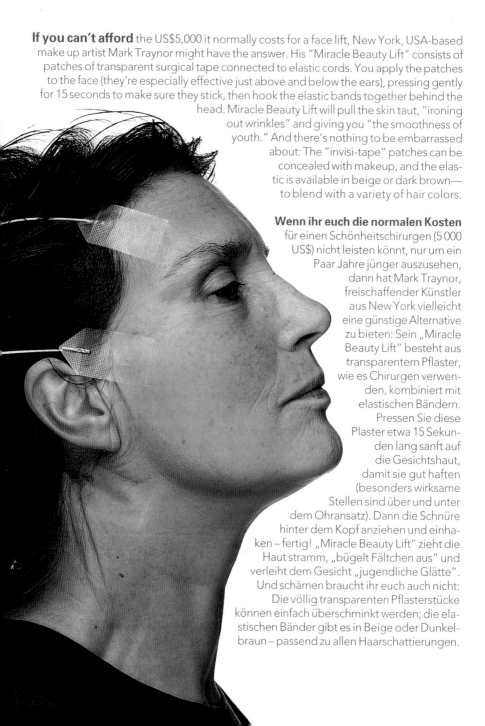

If you can't afford the US$5,000 it normally costs for a face lift, New York, USA-based make up artist Mark Traynor might have the answer. His "Miracle Beauty Lift" consists of patches of transparent surgical tape connected to elastic cords. You apply the patches to the face (they're especially effective just above and below the ears), pressing gently for 15 seconds to make sure they stick, then hook the elastic bands together behind the head. Miracle Beauty Lift will pull the skin taut, "ironing out wrinkles" and giving you "the smoothness of youth." And there's nothing to be embarrassed about: The "invisi-tape" patches can be concealed with makeup, and the elastic is available in beige or dark brown— to blend with a variety of hair colors.

Wenn ihr euch die normalen Kosten für einen Schönheitschirurgen (5 000 US$) nicht leisten könnt, nur um ein Paar Jahre jünger auszusehen, dann hat Mark Traynor, freischaffender Künstler aus New York vielleicht eine günstige Alternative zu bieten: Sein „Miracle Beauty Lift" besteht aus transparentem Pflaster, wie es Chirurgen verwenden, kombiniert mit elastischen Bändern. Pressen Sie diese Plaster etwa 15 Sekunden lang sanft auf die Gesichtshaut, damit sie gut haften (besonders wirksame Stellen sind über und unter dem Ohransatz). Dann die Schnüre hinter dem Kopf anziehen und einhaken – fertig! „Miracle Beauty Lift" zieht die Haut stramm, „bügelt Fältchen aus" und verleiht dem Gesicht „jugendliche Glätte". Und schämen braucht ihr euch auch nicht: Die völlig transparenten Pflasterstücke können einfach überschminkt werden; die elastischen Bänder gibt es in Beige oder Dunkelbraun – passend zu allen Haarschattierungen.

"I used to have this bunch of fat underneath my chin, said Gene Shaffer of the USA, inventor of the Chin Gym. "I would pinch it and think, 'If you didn't have that fat, Gene, you'd be a much better-looking guy.'" After eight months of experimenting with door hinges and a boxer's mouthguard in his Los Angeles garage, Gene's chin had stopped sagging. Friends at the local square dance club noticed the improvement, and when Gene told them about his invention, they all wanted one. The Chin Gym was born. The contraption requires almost no effort: You bite on the mouthpiece, add the metal weights, and allow the plastic arm to press against your sagging chin for up to 15 minutes a day.

„Ich hatte immer diese Speckfalten unterm Kinn", erklärt Gene Shaffer, der Erfinder von Chin Gym. „Manchmal zwickte ich mich dort und dachte: Wenn da nicht diese Fettwülste wären, würdest du viel besser aussehen, Gene." Nach achtmonatigem Experimentieren mit Türangeln und einem Boxermundschutz in seiner Garage in Los Angeles hing Genes Kinn endlich nicht mehr schlaff herunter. Seine Freunde im Square Dance-Club bemerkten die Verbesserung sofort und als Gene ihnen von seiner Erfindung erzählte, wollten alle sie ausprobieren. Chin Gym war geboren. Die Anwendung macht kaum Mühe: Man beißt auf ein Mundstück, hängt Gewichte an und lässt einen Plastikarm etwa 15 Minuten täglich gegen das schlaffe Kinn pressen.

The chest belt, or breast flattener, originated in the Hellenic period of ancient Greece. It was incorporated into the world of Catholic lingerie in the Middle Ages. Until the late 1930s, nuns wrapped themselves up in the wide linen band daily. This one is trimmed with an embroidered cross.

Curves have the look, feel and bounce of real breasts. Inserted in your bra or swimsuit, these waterproof, silicone gel pads (below) will enhance your bust by up to 2 1/2 cups—without any messy surgery or adhesives. According to the manufacturer, Curves' 150,000 customers include "some of the most confident women in the world." But in case you're not the typical, self-assured Curves customer, the pads are "shipped in a plain, discreet box."

Der Brustgurt wurde im antiken Griechenland in der Epoche des Hellenismus entworfen, um die Brust flach zu halten. Im Mittelalter wurde er in die große Familie der katholischen Unterwäsche aufgenommen. Bis 1930 wickelten sich Nonnen diese breiten Leinenstreifen um den Leib. Dieser ist mit einem gestickten Kreuz geschmückt.

Diese „Curves" (Kurven) sehen aus wie richtige Brüste, fühlen sich auch so an und hüpfen ähnlich. In den BH oder Badeanzug eingefügt können diese wasserfesten Kissen aus Silikon-Gel den Brustumfang bis zu 2 1/2 Körbchen vergrößern, ganz ohne umständliche Operation oder Klebevorrichtungen. Laut Hersteller gehören zu den 150 000 Kundinnen von Curves „die selbstbewusstesten Frauen der Welt". Aber für den Fall, dass ihr nicht zu den typischen Curves-Kundinnen mit großem Selbstvertrauen gehört, werden diese Kissen in „diskreten Standard-Paketen" versandt.

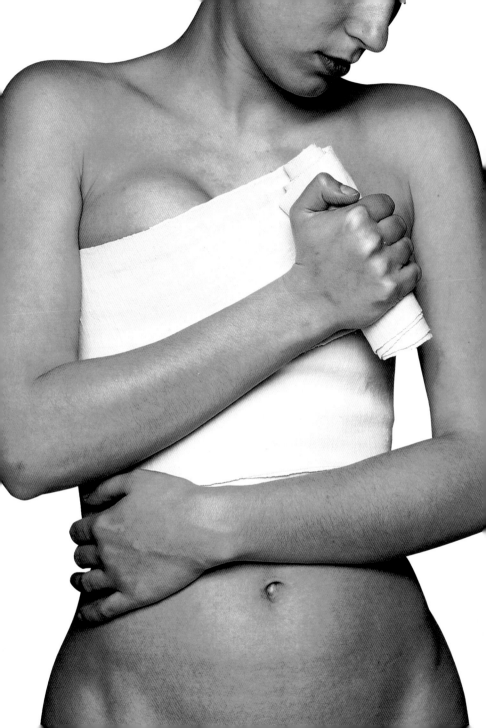

Prosthetics Each year 25,000 people step on land mines. Ten thousand of them die. The lucky ones restart their lives as amputees. One of the first problems they face is getting a new leg—not an easy task in a war-torn, mine-ridden country. Handicap International, a relief organization, teaches local workshops how to make cheap and effective legs from available resources. The "Sarajevo Leg," constructed of stainless steel and polyurethane, is found only in countries with the machinery to assemble it. Victims in less developed countries—Vietnam, for example—might be fitted with a rubber foot, attached to a polypropylene leg. And when there's nothing at all, people recycle the garbage left behind by war: One child's prosthetic from Cambodia was fashioned from a 75mm rocket shell and a flip-flop sandal.

Prothesen 25 000 Menschen treten jedes Jahr auf Landminen. Zehntausend von ihnen sterben. Die Glücklicheren beginnen ein neues Leben als Krüppel. Eins der ersten Probleme, mit denen sie konfrontiert werden, ist die Beschaffung eines neuen Beins – gar nicht so einfach in einem kriegsgebeutelten, minenverseuchten Land. Die Hilfsorganisation Handicap International bringt Arbeitsgruppen vor Ort bei, wie man mit den verfügbaren Mitteln billig und effektiv Beine herstellt. Das „Sarajewo-Bein" aus rostfreiem Stahl und Polyurethan findet man nur in Ländern, die Maschinen haben, um es zusammenbauen zu können. Für die Minenopfer in weniger entwickelten Ländern – wie Vietnam – bleiben Gummifüße, die an einem Polypropylen-Bein befestigt werden. Und wo es gar nichts mehr gibt, behelfen sich die Betroffenen mit dem Müll, den der Krieg hinterlassen hat: In Kambodscha bastelte man eine Kinderprothese aus einer 75 mm-Granate und einer Gummi-Sandale.

Feet High heels are bad for your health. Heels more than 5.7cm high distribute your weight unevenly, putting stress on the spine and causing back pain. In addition, they put excessive pressure on the bones near the big toe, leading to stress fractures and hammer toes—inward curving joints resembling claws. Prolonged wear can even bring on arthritis. According to shiatsu (a Japanese massage therapy), energy lines running through the body end in "pressure points" in the feet. Massaging the pressure points, practitioners believe, relieves aches and pains elsewhere in the body. So after a long day's work, slip on these shiatsu socks. The colored patches mark pressure points: You massage the big blue one, for example, to soothe a troubled liver. And the green one near the heel? That's for sexual organs and insomnia—all in one.

Füße Hohe Hacken schaden der Gesundheit. Absätze, die höher als 5,7 cm sind, beeinträchtigen die gleichmäßige Verteilung des Gewichts, beanspruchen das Rückgrat und verursachen Rückenschmerzen. Außerdem stehen die Knochen um den großen Zeh unter übermäßigem Druck, wodurch es zu Belastungsbrüchen und der Bildung von Hammerzehen – nach innen gebogenen, klauenähnlichen Zehen – kommen kann. Das jahrelange Tragen zu hoher Absätze kann sogar Arthritis verursachen. Nach den Lehren des Shiatsu, einer japanischen Massagetherapie, laufen Energielinien durch unseren ganzen Körper und enden als „Druckpunkte" in unseren Füßen. Diejenigen, die Shiatsu praktizieren, glauben, dass die Massage dieser Druckpunkte Schmerzen und Unwohlsein im Körper lindern kann. Nach einem langen Arbeitstag sind diese Shiatsu-Socken genau das Richtige. Die bunten Flecken kennzeichnen die Druckpunkte: Wenn du z. B. den dicken blauen massierst, ist das eine Wohltat für die Leber. Und der grüne da am Absatz? Der ist gleichzeitig für die Sexualorgane und gegen Schlaflosigkeit zuständig.

Blood type condoms Millions of people worldwide consult astrological horoscopes to understand their true personality. In Japan, however, another theory of human nature—based on the four human blood types—has taken hold. People with Type A blood are said to be orderly, soft-spoken and calm, albeit a little selfish; Type B people are independent, passionate and impatient; Type AB, rational, honest but unforgiving; and Type 0, idealistic and sexy but unreliable. Now an array of products tailored to the blood type of consumers has hit the Japanese market. Osaka-based Jex Company manufactures blood type condoms. "For the always anxious, serious and timid A boy," the appropriate condom is of standard shape and size, pink and .03mm thick. For "the cheerful, joyful and passionate 0 boy," the condom is textured in a diamond pattern. Each packet comes with instructions and mating advice for each blood type. (The ideal couple, in case you were wondering, is an 0 man and an A woman. According to the packet, they would earn 98 out of 100 "compatibility points.") Two million blood type condoms are sold every year in Japan.

Blutgruppenkondome Millionen von Menschen konsultieren weltweit astrologische Horoskope, um ihre wahre Persönlichkeit zu verstehen. In Japan hat sich indessen eine ganz andere Theorie zur menschlichen Natur durchgesetzt: Sie gründet sich auf die vier Blutgruppen. Menschen der Blutgruppe A sollen ordentlich, höflich und ruhig sein, wenn auch etwas egoistisch; Blutgruppe B-Typen sind unabhängig, leidenschaftlich und ungeduldig; Typ AB ist rational, ehrlich, aber kompromisslos; und Type O ist idealistisch und sexy, aber nicht verlässlich. Ein ganzes Sortiment an blutgruppenspezifischen Produkten hat inzwischen den japanischen Markt erobert. Die Jex Company aus Osaka stellt Blutgruppenkondome her. „Für die immer ängstlichen, ernsten, schüchternen A-Jungen" empfiehlt man ein Kondom in Standardgröße und -form, rosafarben und etwa 0,03 cm dick. Für die „fröhlichen, lustigen und leidenschaftlichen O-Jungen" präsentiert sich das Kondom hingegen mit Diamantenaufdruck. Jedes Paket enthält Anweisungen und Liebesratschläge für die jeweilige Blutgruppe. (Das ideale Paar, falls ihr euch das schon gefragt habt, ist übrigens die Kombination O-Mann und A-Frau. Laut Paket würden sie 98 von 100 „Kompatibilitätspunkten" erlangen.) Pro Jahr werden zwei Millionen Blutgruppenkondome in Japan verkauft.

Penis gourd Along the Sepik River in Papua New Guinea, the penis gourd is an indispensable accessory for men. "With the heat, humidity and lack of laundry facilities," says Kees Van Denmeiracker, a curator at Rotterdam's Museum of Ethnology, "it's better to use a penis gourd than shorts. It's great for hygiene, and besides, textiles are so expensive." Made from forest-harvested calabash fruit, gourds are sometimes topped off with a small receptacle that's ideal for carrying around tobacco, money and other personal effects. Members of the Yali clan sport gourds up to 150cm long, though more modest gourds (like the 30cm model featured here) are the norm. Most men make their gourds for personal use, but thanks to an increasing demand from tourists, penis gourds can occasionally be purchased at local markets for use abroad.

A solid punch from a trained boxer can deliver the force of a 6kg padded mallet striking you at 30km per hour. But blows below the waist often receive only warnings from referees, so boxers have to watch out for themselves. The Everlast groin protector consists of a hard plastic cup embedded in a thick belt of dense foam.

Penisfutteral Längs des Flusses Sepik in Papua-Neuguinea ist das Penisfutteral ein unabdingbares Zubehör jeden Mannes. „Bei der Hitze, der Feuchtigkeit und dem Mangel an Waschgelegenheiten", so Kees Van Denmeiracker, Kustos am Völkerkundemuseum in Rotterdam, „ist es besser, ein Penisfutteral zu tragen als Shorts. Es ist viel hygienischer, und außerdem sind Textilien ja so teuer." Das Futteral wird aus der im Wald geernteten Kalabasch-Frucht hergestellt und manchmal auch mit einem kleinen Behältnis versehen, in dem man Tabak, Geld oder andere persönliche Kleinigkeiten gut aufbewahren kann. Mitglieder des Yali-Clans tragen bis zu 150 cm lange Futterale, wobei bescheidenere Exemplare wie das hier abgebildete 30-cm-Modell eher üblich sind. Die meisten Männer stellen sie für den persönlichen Gebrauch her, aber dank der steigenden Nachfrage von Touristen können Penisfutterale auch gelegentlich auf lokalen Märkten für den Gebrauch im Ausland erworben werden.

Ein sauberer Boxhieb kann dich mit der Wucht eines gepolsterten 6 kg Hammers treffen, der mit 30 km/h aufprallt. Für Tiefschläge gibt es trotzdem vom Ringrichter oft nur eine Verwarnung, deshalb sollten Boxer gut auf sich aufpassen. Der Everlast-Leistenschutz besteht aus einer harten Plastikschale, die in einen dicken Gürtel aus Schaumstoff eingebettet ist.

Keep dry In rural areas of the Philippines, people weave palm leaves together in a conical shape to make a *salakot* , a hat that protects them from rain. In Manila, enterprising locals build bridges made of wooden planks or concrete blocks over flooded streets and charge pedestrians a toll to cross. Colombians in Bogotá do the same with soft-drink crates. Others use muscle: In Zambia, boys known as *kaponyas* carry women across puddles for 500 kwacha (US$0.22) a ride.

Bleib trocken In ländlichen Gegenden der Philippinen werden Palmblätter zu spitzen *sakalots* verwoben, die wunderbar vor Regen schützen. In Manila bauen Anwohner mit unternehmerischer Initiative aus Planken oder Betonblöcken Brücken über überflutete Straßen und fordern ein Wegegeld für die Überquerung. In Bogotá werden zum selben Zweck leere Getränkekanister benutzt. Eine weitere Möglichkeit ist Muskelkraft: In Sambia tragen junge Männer, die *kaponyas* genannt werden, Frauen für 500 kwacha (0,22 US$) über tiefe Pfützen.

Water Lesotho is a mountainous country surrounded by South Africa. The Sotho people (formerly known as the Basuto), who live in the southern part of the country, wear conical rain hats made out of straw. They'll soon have to share their rainwater with their neighbors: In 1991 work started on dams that are part of a hydroelectric project designed to supply South Africa's dry Gauteng province with power and water.

Wasser Lesotho ist ein kleiner Bergstaat, der ganz von südafrikanischem Territorium umgeben ist. Die Angehörigen des Volk der Sotho, ehemals Basuto genannt, die im südlichen Teil des Landes leben, tragen spitze Regenhüte aus Stroh. Bald werden die Sotho das Regenwasser mit ihren Nachbarn teilen müssen: 1991 wurde mit dem Bau einer Reihe von Staudämmen für ein Wasserkraftwerk begonnen, das Südafrikas trockene Provinz Gauteng mit Strom und Wasser versorgen soll.

Leaf If you live in the tropics, grab a giant leaf to use as an umbrella. Nature designed rain forest leaves to deflect water (even though water makes up 90 percent of leaf weight). Or wait until the leaves are dry and weave them into a hat like this one, made in India of coconut leaves.

Blatt Wenn du in den Tropen vom Regen überrascht wirst, benutz ein großes Blatt als Regenschirm. Die Natur hat die Blätter des Regenwaldes so gestaltet, dass sie Wasser optimal ableiten, auch wenn dies 90 % ihres Eigengewichts ausmacht. Oder warte, bis die Blätter trocken sind, und flechte dir daraus einen Hut wie diesen, der aus Indien stammt und aus Kokosblättern gefertigt ist.

Design your own chin wig
or false beard at Archive and Alwin
in London, UK. A chin wig takes about
two weeks to make, mainly from yak
belly hair. Or choose from a wide
selection of ready-to-wear styles (the
Salvador Dalí and bright blue goatee
models are very popular).

**Nach eigenen Entwürfen eine Kinn-
perücke** oder einen falschen Bart gibt es bei
Archive and Alwin in London. Die Herstellung
eines falschen Kinnbarts dauert etwa zwei Wochen. Er besteht hauptsächlich aus Yak-Bauch-
fell. Auch prêt-à-porter Perücken können aus
einem breiten Spektrum an Modellen ausgewählt werden; sehr beliebt sind der Salvador-
Dalí-Look und das hellblaue Ziegenbärtchen.

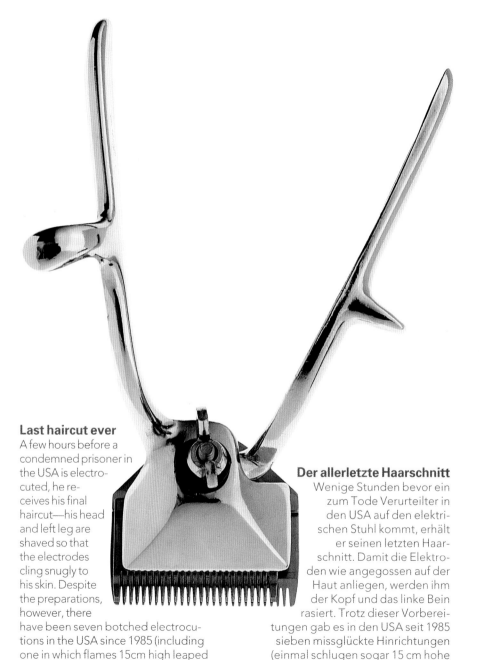

Last haircut ever

A few hours before a condemned prisoner in the USA is electrocuted, he receives his final haircut—his head and left leg are shaved so that the electrodes cling snugly to his skin. Despite the preparations, however, there have been seven botched electrocutions in the USA since 1985 (including one in which flames 15cm high leaped from the prisoner's head).

Der allerletzte Haarschnitt

Wenige Stunden bevor ein zum Tode Verurteilter in den USA auf den elektrischen Stuhl kommt, erhält er seinen letzten Haarschnitt. Damit die Elektroden wie angegossen auf der Haut anliegen, werden ihm der Kopf und das linke Bein rasiert. Trotz dieser Vorbereitungen gab es in den USA seit 1985 sieben missglückte Hinrichtungen (einmal schlugen sogar 15 cm hohe Flammen aus dem Kopf des Sträflings).

Unemployed youth in Zambia collect multicolored plastic bags to make flowerlike arrangements and funeral wreaths. In Lusaka, plastic flowers are sold in the mornings along Nationalist Road and near the University Teaching Hospital mortuary.

Arbeitslose Jugendliche sammeln in Sambia farbige Plastiktüten, um daraus bunte Sträuße und Trauerkränze zu binden. In Lusaka werden solche Plastikblumen morgens an der Nationalist Road und in der Nähe der Pathologie der Universitätsklinik zum Verkauf angeboten.

Penis ring This furry sexual aid, known as the Arabian Goat's Eye, is designed to heighten sensations in women and hold back ejaculation in men. Worn just behind the head of the fully erect penis during intercourse, the Goat's Eye is shrouded in mystery and legend. The ring is fashioned from a slice of deer's leg, not from a goat. Slipped onto the penis before arousal, its hold tightens as the shaft engorges.

Penisring Die pelzige Sexhilfe, auch als „arabisches Ziegenauge" bekannt, soll das Lustgefühl bei der Frau steigern und die männliche Ejakulation hinauszögern. Er wird während des Verkehrs gleich hinter der Spitze des voll erigierten Penis getragen. Um das Ziegenauge ranken sich Mysterien und Legenden. Der Ring wird aus der Scheibe eines Hirschknochens gefertigt, stammt also keineswegs von einer Ziege. Kurz vor der Erektion auf den Penis gezogen, sitzt er immer fester, je steifer das Glied wird.

To the average duck, gravel and lead shot look pretty similar. Foraging for food, ducks are likely to peck at both. But while a little gravel doesn't hurt (birds need it to help them digest food), lead poisons the central nervous system, leaving the bird too weak to eat and killing it within days. In Spain, where hunters' shotguns scatter some 3,000 tons of lead pellets every season, an estimated 27,000 birds die of lead poisoning each year. With this ecological shotgun cartridge, though, waterfowl can peck in peace: Made of tungsten and steel, it's lead-free, sparing birds a slow death—and ensuring that hunters have plenty to shoot next season.

Für die Durchschnittsente sehen Kieselsteine und Bleikugeln ziemlich ähnlich aus. Bei der Futtersuche pickt sie deshalb beides auf. Nur: Ein bisschen Kies schadet nicht – er unterstützt sogar die Verdauung –, während Blei das Zentralnervensystem der Ente vergiftet. Der Vogel wird zu schwach zur Nahrungsaufnahme und verendet innerhalb weniger Tage. In Spanien, wo eifrige Jäger in einer Jagdsaison etwa 3000 Tonnen Bleimunition verschießen, sterben jährlich ungefähr 27 000 Vögel an Bleivergiftung. Mit dieser umweltfreundlichen Munition dagegen können Wasservögel in Ruhe futtern: Sie ist aus Wolfram und Stahl, enthält kein Blei und erspart den Tieren einen qualvollen Tod – sodass die Jäger im nächsten Jahr genug abzuschießen haben.

Like the majority of baby's bath and teething toys, this yellow duck contains softened polyvinyl chloride, or PVC. And according to environmental pressure group Greenpeace, when babies suck or chew toys containing PVC, toxic substances called phathalates (softening agents) leach into the child's mouth, possibly leading to kidney damage, reduced sperm production, shrunken testicles, infertility and spontaneous abortions. The risk is minimal, say toy manufacturers. Any risk is a risk, says Greenpeace. The governments of the Netherlands, Austria, Denmark and Sweden agree, and have banned the sale of PVC toys. The European Commission has yet to pronounce a wider ban (although Greenpeace noted that all soft PVC toys were quietly removed from the Commission's staff nursery in Brussels, Belgium).

Wie das meiste Zahnförderungs- und Badespielzeug für Babys enthält unsere gelbe Ente Weich-Polyvinylchlorid oder PVC. Nach Angaben der Umweltschutzorganisation Greenpeace gelangen jedoch toxische Substanzen, sogenannte Phthalate (Weichmacher), in den Kindermund, wenn Kleinkinder auf den PVC-haltigen Spielsachen herumkauen oder sie auch nur in den Mund stecken. Das kann möglicherweise zu Nierenschäden und in späteren Lebensjahren zu verringerter Spermienproduktion, verkleinerten Hoden, Unfruchtbarkeit und Fehlgeburten führen. Die Spielwarenfabrikanten schätzen das Risiko indessen als minimal ein. Risiko ist Risiko, meint hingegen Greenpeace. Die Regierungen der Niederlande, von Österreich, Dänemark und der Schweiz sehen das ähnlich und haben kürzlich den Verkauf von PVC-Spielzeug verboten. Noch steht ein umfassendes Verbot durch die EU-Kommission aus – obwohl Greenpeace sich davon überzeugen konnte, dass es im Brüsseler Kommissionskindergarten keine Spielsachen aus Weich-PVC mehr gibt.

Handcrafted from "top-grain" California cowhide, the Shoe/Boot-1 gag conveniently fits any pointed shoe with a heel 7cm or higher. "I made the S/B-1 fully adjustable, so that it's comfortable for everybody," says American designer Pam Galloway of Spartacus, a Los Angeles-based manufacturer of bondage gear. "You can insert the shoe carefully into the mouth and secure it loosely, or you can shove it in and really tighten it on." The S/B-1's primary function is to prevent the wearer from speaking. The vertical forehead strap, however, adds to the possibilities: "You can restrain the head with the strap," Pam explains, "and tie the wearer down to a headboard or bed." Inspired by a similar shoe gag that she came across in a 1970s catalog, Pam set out to design a "more petite" and less clumsy version. Sales are "going pretty good," she says. Spartacus sells about five shoe gags a week.

Handgefertigt In die aus kalifornischer Kuhhaut mit „Spitzen-Maserung" handgefertigte Shoe/Boot-1-Mundsperre passt bequem jeder spitze Schuh mit 7 cm hohem Absatz (oder höher). „Ich habe den S/B-1 voll regulierbar gemacht, sodass er für jedermann passend ist", erklärt die Designerin Pam Galloway, 30, die für Spartacus arbeitet, eine Bondage-Equipment-Firma aus Los Angeles. „Ihr könnt den Schuh vorsichtig in den Mund einführen und ihn lose sichern, oder ihr könnt ihn richtig reinfahren und festziehen." Die Hauptfunktion des S/B-1-Knebels besteht darin, den Träger vom Sprechen abzuhalten. Der vertikale Stirnstreifen erweitert jedoch die Möglichkeiten: „Mit diesem Streifen könnt ihr den Kopf zurückziehen", erklärt Pam, „und den Träger auf eine Pritsche oder ein Bett herunterzwingen." Inspiriert durch einen anderen Schuh-Knebel, den sie in einem 25 Jahre alten Sexkatalog fand, beschloss Pam, eine „niedlichere" und weniger grobe Version zu entwerfen. Der Verkauf „läuft ziemlich gut", erklärt sie. Spartacus verkauft etwa fünf solcher Knebel pro Woche.

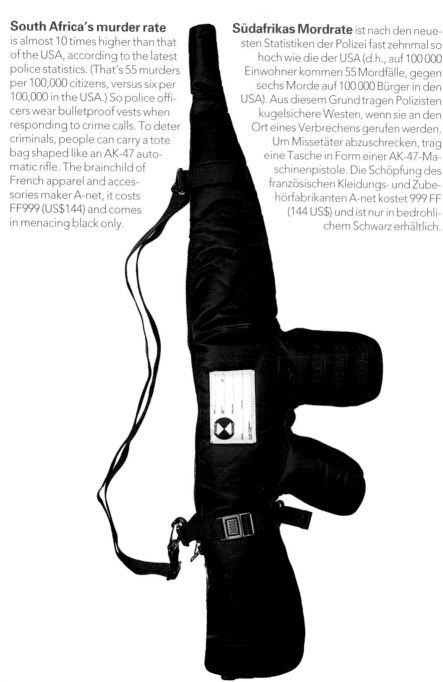

South Africa's murder rate is almost 10 times higher than that of the USA, according to the latest police statistics. (That's 55 murders per 100,000 citizens, versus six per 100,000 in the USA.) So police officers wear bulletproof vests when responding to crime calls. To deter criminals, people can carry a tote bag shaped like an AK-47 automatic rifle. The brainchild of French apparel and accessories maker A-net, it costs FF999 (US$144) and comes in menacing black only.

Südafrikas Mordrate ist nach den neuesten Statistiken der Polizei fast zehnmal so hoch wie die der USA (d.h., auf 100 000 Einwohner kommen 55 Mordfälle, gegen sechs Morde auf 100 000 Bürger in den USA). Aus diesem Grund tragen Polizisten kugelsichere Westen, wenn sie an den Ort eines Verbrechens gerufen werden. Um Missetäter abzuschrecken, trag eine Tasche in Form einer AK-47-Maschinenpistole. Die Schöpfung des französischen Kleidungs- und Zubehörfabrikanten A-net kostet 999 FF (144 US$) und ist nur in bedrohlichem Schwarz erhältlich.

Tall Platform shoes are the rage among young Japanese women. Soles can be as tall as 45cm, but wear them with caution: Sore feet and sprained ankles are common. A study found that one in four women wearing them falls—and 50 percent of falls result in serious sprains or fractures. Ayako Izumi, who has been wearing them for a year, says they're not uncomfortable, "but they are a lot heavier than regular shoes. When I'm tired, they're sort of a burden, and I drag my feet." And as for falling, "On an average day, I might stumble five or six times," she says." I don't actually fall down. I like them because they make me feel taller, and they make my legs look longer and slimmer." They won't help you drive better, though. A platform-clad driver crashed her car, causing the death of a passenger (her high-soled shoes kept her from braking in time). So there may soon be a fine for driving in them—drivers can already be fined ¥7,000 (US$65) for wearing traditional wooden clogs.

Hoch Plateauschuhe sind in Japan der letzte Schrei. Die Sohlen sind bis zu 45 cm hoch, aber Vorsicht ist geboten: Schmerzende Füße und Verstauchungen sind an der Tagesordnung. Jede vierte Trägerin ist bisher von ihren Schuhen gestürzt und bei 50 % der Stürzen kam es zu Verstauchungen und Brüchen. Ayako Izumi trägt seit einem Jahr Plateauschuhe, sagt, sie seien nicht unbequem, „aber viel schwerer als normale Schuhe. Wenn ich müde bin, schleife ich meine Füße nur noch so herum." Und was ist mit Unfällen? „Im Durchschnitt stolpere ich fünf- oder sechsmal am Tag", sagt sie. „Gefallen bin ich allerdings nie. Ich finde sie gut, weil sie meine Beine länger und schlanker machen." Zum Autofahren sind sie denkbar ungeeignet: Unlängst hatte ein Unfall tödliche Folgen, da die Fahrerin wegen ihrer Plateausohlen nicht rechtzeitig auf die Bremse treten konnte. Ihre Freundin auf dem Beifahrersitz kam ums Leben. Plateausohlen am Steuer könnten bald teuer werden: Schon jetzt kostet Fahren mit traditionellen Holzsandalen bis zu 7000 ¥ (65 US$).

Liquid latex Clothes that are too tight can lead to indigestion because food can't move naturally though the digestive system. If you really like latex and want to wear it even after eating, there's a simple solution: Fantasy Liquid Latex. Simply paint it onto your skin, then wait a few minutes for it to dry. The result: That all-over latex sensation. And you can create your own latex outfits. The latex is easily removed from non-porous surfaces (like bathroom tiles) but don't get it on fabric—it won't come off. Available in a range of colors, including black and fluorescent tones. Do not use if you're allergic to ammonia or latex.

Flüssiglatex Zu enge Kleidung kann zu Verdauungsstörungen führen, weil die Nahrung nicht ungehindert durch den Verdauungstrakt wandern kann. Wer auf Latex steht und es auch dann tragen möchte, wenn er mal tüchtig zugelangt hat, kann flüssiges Fantasy Liquid Latex benutzen. Streich es einfach auf die Haut und lass es ein paar Minuten trocknen. Resultat: Das absolute Latexgefühl am ganzen Körper. Zudem kannst du dir mit Flüssiglatex deine eigenen Phantasiekreationen aufmalen. Es lässt sich von glatten Oberflächen wie Badezimmerkacheln leicht entfernen, aber bekleckert eure Kleidung nicht damit – der Fleck geht nicht wieder heraus. Fantasy Liquid Latex ist in vielen Farben erhältlich, auch in Schwarz und metallic. Finger weg, wenn du gegen Ammoniak oder Latex allergisch bist!

Barbie wig Hair is the ultimate accessory in Toyland, but only for female dolls: Most action figures have plastic hair. "Now you can dress as pretty as your Barbie doll" with this luxurious 46cm blond Barbie wig. Barbie's been redheaded and brunette, but she likes blond best. Although 91 percent of blonds think men prefer them, studies show that men will employ and marry brunettes rather than blonds. Admittedly, blonds get more done for them because they're considered weaker, and men approach them more readily as they find them less threatening. (Whether that's a good reason to wear this wig is a matter of opinion.)

Barbieperücke Haare sind das wichtigste Accessoire in der Spielzeugwelt, aber nur für weibliche Puppen. Die meisten Actionfiguren haben Plastikhaare. „Jetzt kannst du genauso schick wie deine Barbiepuppe aussehen", nämlich mit dieser verschwenderischen, 46 cm langen blonden Barbie-Perücke. Barbie war auch mal Rotschopf und brünett, aber blond mag sie sich am liebsten. Obwohl 91% der Blondinen meinen, bei Männern beliebter zu sein, beweisen Studien, dass diese eher brünette Frauen einstellen oder heiraten. Zugegeben, Blondinen werden stärker umsorgt, da man sie für schwächer hält, und Männer haben bei Blondinen weniger Hemmungen, da sie sie als nicht so bedrohlich empfinden. Ob das ein guter Grund ist, diese Perücke aufzusetzen, bleibt Ansichtssache.

New man Ken has been Barbie's companion for 33 years. He doesn't see much of her these days . Now, with his streaked blonde hair and Rainbow Prince look, Ken is at last discovering his own identity. "I don't think Ken and Barbie will ever get married," says a spokeswoman.

Neuer Mann Ken ist seit 33 Jahren Barbies Lebensgefährte. Heutzutage sieht er sie nicht mehr so häufig. Jetzt scheint es, als ob Ken mit seinen blonden Strähnchen und seinem wilden Look endlich seine eigene Identität entdecken würde. „Ich glaube nicht, dass Barbie und Ken je heiraten werden", meint ein Sprecher von Mattel.

Hoe In Zambia, newlyweds receive gifts symbolizing their new nuptial responsibilities. Among the gifts are an *umuinko*, or cooking stick (to teach the wife that she must always nourish her husband), and a spear (because the husband must always protect his family). This hoe, or *ulukasu*, represents the groom's duty to work hard and to provide for his family.

Hacke In Sambia erhalten Brautleute Geschenke, die ihre neuen ehelichen Verpflichtungen symbolisieren. Dazu gehören z.B. ein *umuinko* oder Kochstab, um der Frau zu bedeuten, dass sie stets für das leibliche Wohl ihres Mannes zu sorgen hat, und ein Speer – da der Mann die Familie beschützen muss. Dieses Hackebeil oder *ulukasu* steht für die Pflicht des Bräutigams, immer hart zu arbeiten und für seine Familie zu sorgen.

The diamond engagement ring is "a month's salary that lasts a lifetime," says South African diamond producer De Beers. In the UK, more than 75 percent of first-time brides will receive one.

Der Verlobungsdiamant ist „ein Monatsverdienst, der ein Leben lang erhalten bleibt", so der südafrikanische Diamantenhersteller De Beers. In Großbritannien bekommen ihn mehr als 75 % aller Bräute, die zum ersten Mal heiraten.

It looks painful, but Nixalite's manufacturers insist that its anti-landing device doesn't harm birds. The strips of stainless steel—topped with 10cm spikes—are placed on ledges and eaves. They might even keep burglars away.

Es sieht gefährlich aus, doch der Hersteller Nixalite garantiert, dass die Vorrichtung, die die Vögel daran hindert sich niederzulassen, keine Verletzungen verursacht. Streifen rostfreien Stahls werden mit 10 cm langen Stacheln versehen und auf Fenster- und Dachvorsprünge gelegt. Zudem wirken sie vielleicht auch auf Einbrecher abschreckend.

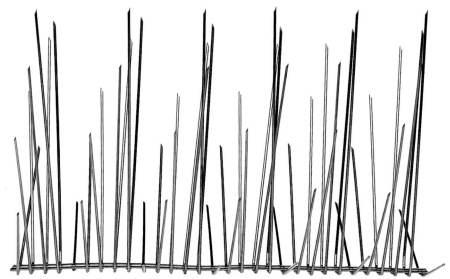

Ordinary rice is harmful to birds (it swells in their stomachs) and humans (who slip on it and fall). Although the US Rice Council dismisses this as "unfounded myth," Ashley Dane-Michael, inventor of Bio Wedding Rice , says that in the USA "it is considered environmentally incorrect to throw ordinary rice." The solution, she claims, is her own product: "It's 100 percent real rice—and therefore keeps the tradition alive—but it's not harmful. It crushes when you step on it and disintegrates in a bird's stomach."

Speise-Reis schadet Vögeln, die einen Blähbauch davon bekommen, und Menschen, die darauf ausrutschen und hinfallen. Obwohl der amerikanische Reis-Rat diese Auffassung für ein „Märchen" hält, meint Ashley Dane-Michael, die Erfinderin von Bio Wedding Rice, dass es in den USA als „ökologisch nicht korrekt" gilt, bei Hochzeiten gewöhnlichen Reis zu werfen. Sie bietet daher mit ihrem Produkt die Lösung: „Es besteht zu 100 % aus echtem Reis und hält damit die Tradition am Leben, ist aber völlig unschädlich. Es zerbröselt, wenn man darauf tritt, und ist für Vögel leicht verdaulich."

Doti is hardened termite excrement, rich in minerals. Eaten in Zambia, especially during pregnancy, doti are believed to give strength. A handful costs 250 kwacha (US$0.25). Doti are available at markets in Zambia.

Doti sind mineralienhaltige Termitenexkremente. In Sambia glaubt man, dass sie eine stärkende Wirkung haben, vor allem wenn man sie während der Schwangerschaft zu sich nimmt. Eine Handvoll Doti kostet 250 Kwacha (0,25 US$) und wird auf lokalen Märkten angeboten.

Camel dung is very versatile. The bedouins of Qatar use it dry to wipe babies' bottoms. In India, the excrement is pounded out and sold as fuel. And recently, camel dung has even inspired the war industry: The "toe-popper" mine used in the Bosnian and Gulf wars is disguised as a harmless camel turd.

Kamel-Dung ist vielseitig verwendbar. Die Beduinen in Katar benutzen ihn, um Baby-popos damit abzuwischen. In Indien werden die Exkremente gepresst und als Brennstoff verwendet. Und kürzlich hat Kamel-Dung die Rüstungsindustrie inspiriert: Die „Zehenknal-ler"-Mine, die im Golfkrieg eingesetzt wurde, kommt als harmloser Kamelfladen daher.

Paris has the highest density of dogs of any European city (one dog for every 10 people) and they produce 3,650 metric tons of poop a year. Pick up your dog's mess with the Stool Shovel.

Paris ist die Stadt mit den meisten Hunden europaweit (ein Hund auf zehn Einwohner). Das macht jährlich 3650 Tonnen Hundescheiße. Sammle den Haufen von deinem Hund selbst mit einer kleinen Schaufel ein!

The edible cow pie —a mix of chocolate, caramel and pecans—looks like cow feces, but tastes great.

Essbare Kuhfladen – eine Mischung aus Schokolade, Karamell und Pekannüssen – sehen aus wie Kuhfladen, schmecken jedoch hervorragend.

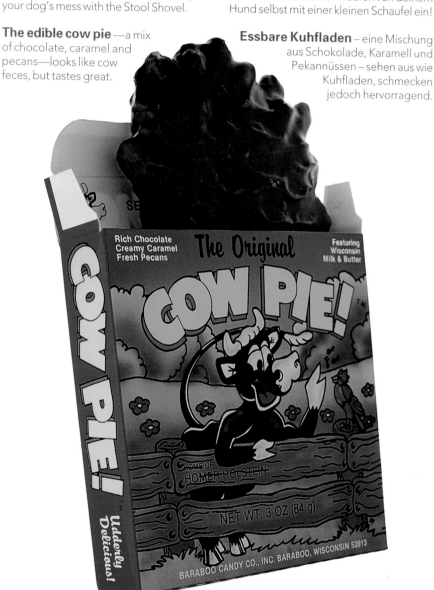

Duty Before buying that tortoiseshell comb during your Caribbean holiday or that impala horn souvenir from your safari adventure in Zimbabwe, check with the local authorities to see if it is made from an endangered species. If you don't, you may be sorry when you go through customs.

Pflicht Bevor du dir in der Karibik den schicken Kamm aus Schildpatt oder auf deiner Safari in Simbabwe das Impalahorn kaufst, erkundige dich bei den lokalen Behörden, ob diese Tiere nicht zu einer vom Aussterben bedrohten Art gehören. Wenn sie das nämlich tun, kann dir dein Souvenir bei der Ausreise jede Menge Ärger einbringen.

Pests Kangaroos are a pest in Australia. In 1990 they outnumbered humans by a million. Hunters are licensed to harvest them, and this year the quota of kills allowed is 5.2 million. Dead kangaroos also make good bottle openers (pictured), key rings (tail and ears), leather goods (hide) and steaks (the flesh is only one percent fat and tastes like venison).

Plage Kängurus sind in Australien eine Plage. 1990 übertraf ihre Zahl die der Einwohner um eine Million. Sie sind zum Abschuss freigegeben: Dieses Jahr dürfen 5,2 Millionen getötet werden. Aus toten Kängurus kann man, wie hier abgebildet, ausgezeichnete Flaschenöffner fertigen, außerdem Schlüsselanhänger aus Schwanz und Ohren, Lederartikel aus dem Fell – und das Fleisch lässt sich als Steak braten: Es enthält nur 1 % Fett und schmeckt wie Wildbret.

Launched in 1987, the US Pooch pet cosmetic line offers a variety of scents for dogs. Le Pooch (for him) is spicy; La Pooch (for her) is "a musky fragrance, but at the same time elegant and floral."

Eingeführt wurde 1987 in den USA die Pooch-pet-Kosmetikserie, die verschiedene Düfte für Hunde bereithält. Le Pooch (für ihn) riecht würzig; La Pooch (für sie) ist ein „Moschusduft, sowohl elegant als auch blumig".

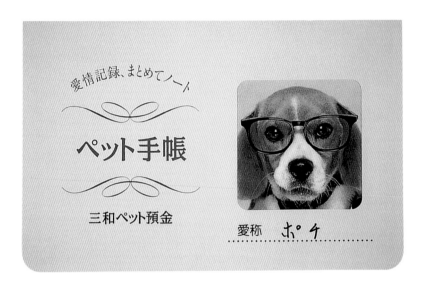

愛情記録、まとめてノート

ペット手帳

三和ペット預金

愛称　ポチ

Open a pet account at Japan's Sanwa Bank. Take your pet—and at least ¥1 (US$0.9)—to any branch. Your pet gets its own account book and a notebook to keep pictures and personal data in. The accounts can be used to save money for pet expenses like haircuts, illnesses and funerals.

Ein Konto für euer Haustier könnt ihr bei einer beliebigen Filiale der Sanwa Bank in Japan eröffnen. Nehmt euer Haustier und mindestens 1¥ (0,9 US$) mit. Euer kleiner Freund erhält sein eigenes Sparbuch und eine Mappe für Bilder und persönliche Eintragungen. Die Konten können genutzt werden, um Struppis Friseur-, Krankheits- und Beerdigungskosten zu decken.

Not now, dear In conditions of stress, female armadillos can delay implantation of fertilized eggs until things improve. Then, after gestation, they usually give birth to four puppies. The armadillo is not only a fascinating mammal—it's also widely used for curative purposes in Colombia. All parts of the animal can be used for something: People drink the animal's fresh blood to cure asthma, and pregnant women with morning sickness grind up a 2cm piece of shell and drink it daily. Maybe that's why the armadillo is an endangered species in Colombia.

Jetzt nicht, Schätzchen In Stresssituationen können Gürteltierweibchen die Einnistung befruchteter Eier auf ruhigere Zeiten verschieben. Am Ende der Schwangerschaft bringen sie normalerweise vier Junge zur Welt. Das Gürteltier ist nicht nur ein faszinierendes Säugetier, es wird in Kolumbien auch zu vielfältigen medizinischen Zwecken benutzt. Alle Körperteile des Tieres dienen zu etwas: Gegen Asthma wird frisches Gürteltierblut getrunken, während schwangere Frauen gegen morgendliche Übelkeit ein 2 cm langes Stück des Panzers zermahlen und täglich mit einem Schluck Wasser trinken. Vielleicht ist deswegen das Gürteltier in Kolumbien inzwischen vom Aussterben bedroht.

Cocktail At the Longshan Distillery in Wuzhou City, China, a red-spotted lizard is about to die. It is plump, healthy and one year old—the prime age for slaughtering, says Longshan manager Lin Xiongmu. In a matter of seconds, the lizard is slit open from anus to throat, disemboweled and stuffed into a bottle of rice wine. The bottle is left to mature for a year, essence of lizard mingling with the astringent alcohol. Drinking *hakai qui*, or lizard liquor, has been a tradition in China since the Ming Dynasty, explains Lin. "The lizard has life-enhancing properties," adds another manager, "helping you live longer and revitalizing you generally." Unfortunately, nobody at the distillery can explain how. But the longer you leave the lizard in the bottle, Lin insists, the more potent the potion becomes: "The lizard will be fine in there for 30 or 40 years," he assures. "It might even last forever."

Cocktail In der Longshan Destillerie in Wuzhou City, China, wartet eine rot gepunktete Eidechse auf ihr Ende. Sie ist rund, gesund und ein Jahr alt – die ideale Schlachtreife laut Longshan-Manager Lin Xiongmu. In Sekundenschnelle wird das Reptil längs aufgeschlitzt, ausgenommen und in eine Flasche Reiswein gesteckt. Die Flasche wird dann ein Jahr gelagert, wobei sich die Eidechsenessenzen mit dem adstringierenden Alkohol vermengen. Der Eidechsenlikör Hakai Qui ist in China seit der Ming-Dynastie Tradition, erklärt Lin. „Das Reptil verhilft dir zu einem längeren Leben", fügt ein anderer Manager hinzu, „und macht dich generell wieder fit." Leider kann niemand in der Destillerie erklären, wie das funktionieren soll. Aber je länger die Eidechse in der Flasche bleibe, desto besser wirke das Mittel, insistiert Lin: „Die Eidechse ist darin an die 30 bis 40 Jahre gut aufgehoben, vielleicht sogar auf ewig."

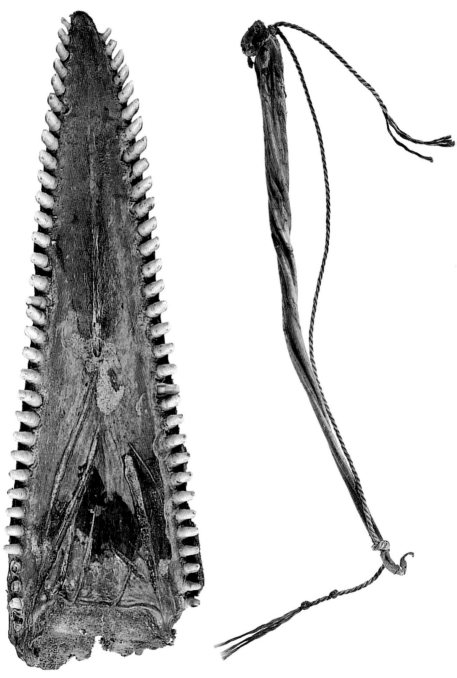

Dolphin penis People in Brazil's Amazon region believe *botos* (freshwater dolphin) can step out of the river and transform themselves into well-dressed men. These handsome strangers then show up at dances and seduce local women, often impregnating them, before slipping back into the river. This legend conveniently explains fatherless children. Amazon natives use dolphin parts to approximate the boto's preternatural powers of seduction. "Keep a dolphin eye [below] in your pocket at all times and you will be irresistible to women," says Tereza Maciel, who sells herbs and animal parts believed to possess magic powers at her stall at the Ver-O-Peso (See-the-Weight) market in Belém de Pará, near the Amazon's mouth. The same goes for dolphin jaws (far left): Hang one in the doorway or on the wall and your house is transformed into a love nest. The dolphin's penis (left) is for after you've got her home, says Maria do Carmo, who has a stall next to Tereza's. "If you grind up the dolphin's penis, then rub it on your dick, you'll drive the girls wild," she says, with what appears to be first hand knowledge. Boto penis shavings are also used in infusions with herbs and barks believed to enhance performance during the sex act.

Delfinpenis Einwohner der Amazonasregion in Brasilien glauben, *Botos* – Süßwasserdelfine – kämen aus dem Wasser an Land und verwandelten sich dort in elegant gekleidete Männer. Anschließend gehen diese geheimnisvollen Fremden auf die Dorffeste in der Umgebung und verführen dort die Frauen. Oft schwängert ein Boto eine Frau, bevor er in den Fluss zurückkehrt: Diese Legende bietet eine bequeme Erklärung für vaterlose Kinder. Die Eingeborenen Amazoniens benutzen Teile des Delfins, um sich seine übernatürliche Verführungskraft zu eigen zu machen. „Mit einem Delfinauge (unten) in der Tasche kann dir keine Frau widerstehe", sagt Tereza Maciel. Sie verkauft Kräuter und Teile von Tieren, denen magische Kräfte zugeschrieben werden. Ihr Stand befindet sich am Ver-O-Peso (Schau-aufs-Gewicht)-Markt in Belém de Pará in der Nähe der Amazonasmündung. Dasselbe gilt für Delfinkiefer (ganz links): Hängt einen am Eingang eures Hauses auf, und es wird zu einem wahren Liebesnest. Der Delfinpenis kommt zur Anwendung, wenn du die Angebetete erst mal bei dir zu Hause hast, sagt Maria do Carmo vom Nachbarstand. „Wenn du den getrockneten Penis zerstößt und dir das Pulver auf den Schwanz reibst, machst du die Mädchen verrückt"– und sie scheint zu wissen, wovon sie spricht. Kleine Stücke Botopenis werden auch mit Kräutern und Rinde zu einem Aufguss verkocht, der beim Geschlechtsakt positive Wirkung entfaltet.

Dine in style at Fido's Doggie Deli in the USA. On weekends this retail store becomes a select animal restaurant. Dog snacks contain no meat, sugar or cholesterol. Their motto? "We do not serve cat and dog food, we serve food to dogs and cats."

Speisen mit Stil in Fido's Doggie Deli. Jedes Wochenende verwandelt sich dieser Laden in ein erlesenes Restaurant für Tiere. Hundesnacks enthalten dort weder Fleisch, Zucker noch Cholesterin. Das Motto? „Wir servieren kein Hunde- oder Katzenfutter, wir servieren Mahlzeiten für Hunde und Katzen."

Obesity is the leading health risk for dogs and cats. In the USA alone, more than 50 million dogs and cats are overweight and likely to develop diabetes and liver disease, among other ailments. Put your pudgy pet on Pet Trim diet pills. Cats and dogs can lose 3 percent of their body fat in two weeks.

Übergewicht ist das größte Krankheitsrisiko für Hunde and Katzen. Allein in den USA gibt er über 50 Millionen Katzen und Hunde mit Übergewicht, die Gefahr laufen, sich Diabetes, ein Leberleiden oder eine andere Krankheit zuzuziehen. Die Lösung: Pet-Trim-Diätpillen, mit denen Katzen und Hunde in nur zwei Wochen bis zu 3 % ihres Körperfetts verlieren können!

The US owner of the Shaggylamb Dog Boots company developed coats and booties to keep her sheepdogs from tracking dirt into the house. She also designs coats for cats and other pets. Her latest accessories include a weather-resistant cast for pets with injured limbs.

Pocket kitsch If you can't get enough of kitschy items, try the Hello Kitty credit card from Japan. Issued by the Daiichi Kangyo Bank (their motto: "The bank with a heart"), the credit card lets everyone know that you are the King or Queen of kitsch.

Die amerikanische Eigentümerin von Shaggylamb Dog Boots kreierte Mäntel und Stiefelchen, damit ihre Schäferhunde im Haus keinen Dreck hinterließen. Sie entwirft auch Mäntel für Katzen und andere Haustiere. Das neueste ist ein wetterfester Gips für verletzte Tiere.

Taschenkitsch Wenn ihr nicht genug von kitschigem Zeug habt, dann versuchts es mit der Hello-Kitty-Kreditkarte aus Japan. Sie wird von der Daiichi Kangyo Bank – ihr Motto: „Die Bank mit Herz" – vergeben und zeichnet euch überall als König oder Königin des Kitsches aus.

木 石水

鯨大和煮（赤肉味）

BEANO

PHANE
IN BRINE

CHOICE GRADE

Dale's

WILD WEST

Elk

STEW

WT. 14 OZ. (396g)

Kaneman's

SEASONED WITH SOY-SAUCE & SUGAR
原材料 蜂の子・醤油・砂糖

BABY BEES

固型量 170GM
内容総量 200GM

LTD.

COASTAL PEOPLE

Viande de

PHOQUE
de Qualité

130g

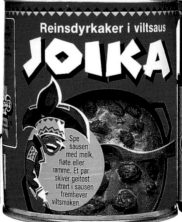

Reinsdyrkaker i viltsaus

JOIKA

Spe
sausen
med melk,
fløte eller
rømme. Et par
skiver geitost
utrørt i sausen
fremhever
viltsmaken.

Pâté de Cro
au Porto
Crocodile pâté with po
African GAME Selection
Josy Gold

DALE'S NATURAL

RATTLESNAKE

SMOKED

NET WT. 7½ OZ.   212 GRAMS

After nine months of munching lichen on the frozen plains of Røros in northern Norway, a young reindeer calf is rounded up, led into a small stall and pummeled on the head with a pneumatic hammer gun. Within two minutes it has been bled, skinned, dehorned and decapitated. Its antlers and penis are shipped to Asia to be sold as aphrodisiacs. The skins are fashioned into car seat covers and sold at auto shops. The prime cuts of meat might make it to a wedding banquet in Oslo. The lower quality "production meat" is sent to the Trønder Mat company, which grinds it, blends it with lard and spices, and mechanically molds it into bite-size balls. Trønder Mat manufactures 1.5 million cans of Joika brand reindeer meatballs a year (bottom center). Hermetically sealed and sterilized at 121.1°C, they can sit on the supermarket shelf for up to 10 years.

Rentierfleischbällchen Nachdem es neun Monate auf den gefrorenen, mit Flechtenfutter überzogenen Ebenen von Røros, im Norden Norwegens, geweidet hat, wird ein junges Rentier angebunden, in den Stall geführt und mit einem Bolzenschußgerät betäubt. In nur zwei Minuten ist es ausgeblutet, enthäutet, enthörnt und geköpft. Das Geweih und der Penis werden als Aphrodisiakum nach Asien geschickt. Die Haut wird zu Autositzbezügen verarbeitet und an Autohändler verkauft. Das Filet wird vielleicht bei einem Hochzeitsdiner in Oslo serviert. Das „Verwertungsfleisch" minderer Qualität wird an die Trønder Mat-Firma geschickt, die es durch den Fleischwolf dreht, mit Speck und Gewürzen mischt und maschinell in mundgerechte Bällchen formt. Trønder Mat stellt pro Jahr 1,5 Millionen Dosen Rentierfleischbällchen der Marke Joika her (linke Seite: unten Mitte). Bei 121,1°C sterilisiert und anschließend vakuumverpackt können sie an die 10 Jahre in Supermarktregalen überdauern.

Canned meat Spam is a canned combination of pork shoulder and ground ham, but for some reason it has become a cultural icon in the USA, where 3.6 cans are consumed every second. In Korea Spam has become an object of intense devotion. Stylishly presented in gift boxes, Spam rivals roasted dog as the Koreans' favorite delicacy.

Dosenfleisch Spam, Schweineschulter und gehackter Schinken in der Dose, hat aus irgendeinem Grund in den USA einen wahren Kultstatus erlangt. Dort werden pro Sekunde 3,6 Dosen Spam verzehrt. Auch in Korea findet Spam Anklang: Es wird in eleganten Geschenkverpackungen verkauft und stellt eine ernsthafte Konkurrenz für den Hundebraten dar, das Lieblingsessen der Koreaner.

Sweat suit This plastic suit (plus a jar of mud) is supposed to burn off calories. "You sweat so much you literally turn the mud into a soup," says Lisa Silhanek, who bought her suit from New York's exclusive Anushka Day Spa. "I just step into the bag, smear the mud across my feet, legs and torso, and pull up the plastic suit to cover it all. The only tough part is spreading the mud across my back." For maximum effect, Lisa lies down and covers herself with heavy wool blankets. After 45 minutes (the mud should have reached 37°C by now), she jumps in the shower and washes it off. "The only problem," says Lisa, "is that the bathtub turns green."

Deodorant leaves

If commercial deodorants don't do the trick, try a traditional solution from the cattle-herding tribes of Kenya. Leleshwa leaves come from Kenya's most arid regions. Young men stick them under their armpits and hold them in place for several minutes. The leaves are used when visiting girls, especially after strenuous dancing or hiking. If leleshwa are not available where you live, try mint leaves (as we did for this picture): Effective, disposable, biodegradable and cheap.

Anzug für die Schwitzkur Dieses Kleidungsstück aus Kunststoff – plus ein Töpfchen Lehm – soll dafür sorgen, dass Kalorien rasch verbrannt werden. Lisa Silhanek kaufte ihren „Sweat Suit" im exklusiven Anushka-Day-Fitnesscenter: „Ich steig einfach hinein, streiche mir den Lehm auf Füße, Beine, Körper und ziehe das Ding hoch. Schwierig ist nur das Einschmieren am Rücken." Für eine optimale Wirkung legt sich Lisa dann unter mehrere schwere Wolldecken. Nach einer Dreiviertelstunde, wenn der Lehm dem Hersteller zufolge eine Temperatur von 37 °C erreicht hat, springt sie unter die Dusche und spült den Schlamm ab. „Das einzige Problem", so Lisa, „ist nachher die grünliche Kruste in der Badewanne."

Deodorant-Blätter

Wenn im Handel erhältliche Deodorants einfach nicht wirken wollen, dann hilft vielleicht eine traditionelle Methode der Viehzucht treibenden Stämme in Kenia. Leleshwa-Blätter stammen aus den dürresten Regionen des Landes. Junge Männer stecken sie sich in die Achselhöhlen und halten sie dort für ein paar Minuten. Die Blätter finden vor Mädchenbesuchen Verwendung, besonders nach anstrengenden Tänzen oder Bergtouren. Wenn ihr bei euch kein Leleshwa bekommen könnt, probiert es mit Minze – wie wir bei diesem Foto: effektiv, schnell zur Hand, biologisch abbaubar und billig.

In Turkey, cherry stems —which have diuretic qualities—are thought to aid weight loss. Boil the stems until the water turns brown, remove them and drink. Then expect to visit the bathroom regularly, where you will excrete those unwanted kilos.

In der Türkei werden die Stiele von Kirschen – die harntreibend wirken – benutzt, weil man glaubt, damit könnte man überflüssige Pfunde loswerden: Stengel abkochen, bis das Wasser braun wird, abseihen, trinken. Dann möglichst in der Nähe des besagten Örtchens bleiben, um unerwünschte Pfunde abzusondern.

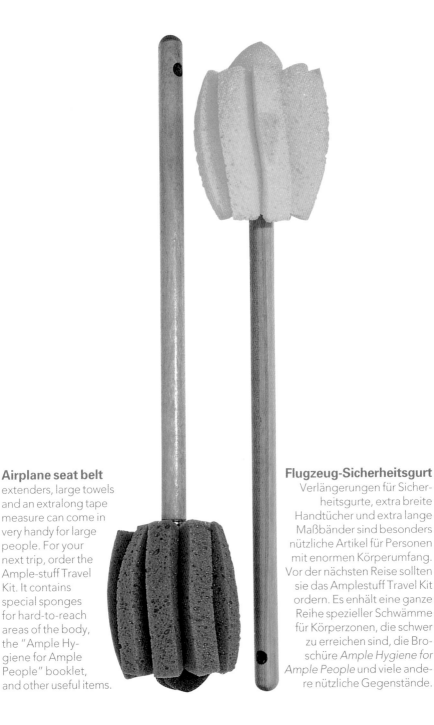

Airplane seat belt
extenders, large towels
and an extralong tape
measure can come in
very handy for large
people. For your
next trip, order the
Ample-stuff Travel
Kit. It contains
special sponges
for hard-to-reach
areas of the body,
the "Ample Hy-
giene for Ample
People" booklet,
and other useful items.

Flugzeug-Sicherheitsgurt
Verlängerungen für Sicher-
heitsgurte, extra breite
Handtücher und extra lange
Maßbänder sind besonders
nützliche Artikel für Personen
mit enormen Körperumfang.
Vor der nächsten Reise sollten
sie das Amplestuff Travel Kit
ordern. Es enhält eine ganze
Reihe spezieller Schwämme
für Körperzonen, die schwer
zu erreichen sind, die Bro-
schüre *Ample Hygiene* for
Ample People und viele andere nützliche Gegenstände.

Headphones With a pair of Seashell Headphones, the sea is never far away. When you place them over your ears, the shells capture the echoes of noises around you, producing a soothing stereo sound not unlike that of rolling ocean waves. Don't wear the shells while driving or operating heavy machinery, though. Says co-creator Joyce Hinterberg, wearing the shells too long can "mess up your ability to locate sounds in space."

Kopfhörer Mit einem Paar Seashell Headphones (Muschel-Kopfhörern) hast du das Meer immer ganz in der Nähe. Wenn du sie über die Ohren stülpst, fangen sie die Klangwellen um dich herum ein und wandeln sie in einen wohltuenden Stereo-Sound um, der an Meeresrauschen erinnert. Doch Vorsicht beim Autofahren oder bei der Arbeit an schweren Maschinen: Wenn die Muscheln zu lange getragen werden, „kann dies die Fähigkeit beeinträchtigen, Geräusche zu lokalisieren", erklärt Mit-Erfinderin Joyce Hinterberg.

Ear cleaning tools In Kunming, China, "ear doctors" wave fluffy duck feather tools to entice passersby. For only Y2 (US$0.24), an ear doctor will spend 10 minutes cleaning you out with these metal spoons and rods (the feather is used for a quick polish, topping off a session of serious prodding and scraping).

Werkzeug zur Reinigung der Ohren
Im chinesischen Kunming winken die „Ohren-Doktoren" mit Entenfedern, um Passanten und potentielle Kunden auf ihre Dienstleistung aufmerksam zu machen. Für nur zwei Yuan (0,24 US $) wird in etwa zehn Minuten mit Metalllöffelchen und Stäbchen das Gröbste aus den Ohren herausgeholt. Die Feder dient zur abschließenden Politur.

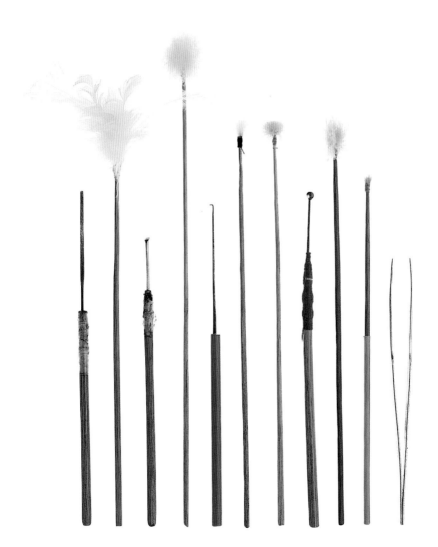

Bionic arm It took researchers at Edinburgh Royal Infirmary's Bioengineering Centre, Scotland, nine years to develop the world's most advanced bionic arm. Scotsman Campbell Aird, who lost his right arm to cancer, has been chosen to test-drive it. "I don't have a stump, so it's attached to my shoulder by a Velcro strap," Campbell says. "To make it move, I just flex my shoulder and back muscles." Electrodes pick up the electricity from nerves in the patient's muscles and move the prosthesis accordingly. "The most difficult thing is combining two movements simultaneously," says chief engineer David Gow, "like the elbow and shoulder movements that are needed to open and close the hand. But it took Campbell only one day to get the hang of it." Weighing less than 2.5kg, the battery-powered arm is lighter than its flesh-and-blood equivalent. Still, it's not quite Terminator 2. "If someone wants a bionic limb like the ones in science fiction movies," says Gow, "they'll be disappointed. But if I had the budget that a film studio spends just to create the illusion of progress, I could actually make something happen." Science is still unable to replicate the intricate movements of human fingers, but for now, Campbell is happy with the real world's technology. "My new arm's steadier than a real one, so it's great for clay pigeon shooting," he says. "I've won 12 trophies this year."

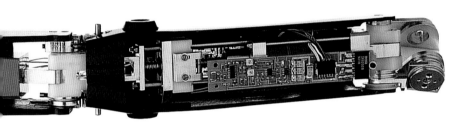

Bionik-Arm Neun Jahre brauchten die Forscher am Edinburgher Royal Infirmary's Bioengineering Centre, um die fortschrittlichste Armprothese der Welt zu entwickeln. Der Schotte Campbell Aird, der seinen Arm durch Krebs verlor, wurde ausgewählt, um den Arm zu testen. „Ich habe keinen Stumpf, daher ist der Arm mit einer Velcro-Schlinge an meiner Schulter befestigt", so Campbell. „Um ihn zu bedienen, bewege ich einfach meine Rücken- und Schultermuskeln." Elektroden nehmen die Elektrizität in den Muskelnerven des Patienten auf und steuern so die Prothese. „Am schwierigsten ist es, zwei Bewegungen gleichzeitig auszuführen", erklärt der Chefingenieur David Gow, „wie z.B. die Ellenbogen- und Schulterbewegungen, die nötig sind, um die Hand zu öffnen und zu schließen. Aber Campbell hatte das in nur einem Tag heraus." Bei einem Gewicht von weniger als 2,5 kg ist der batteriebetriebene Arm leichter als sein Gegenstück aus Fleisch und Blut. Aber mit „Terminator 2" ist er nicht zu vergleichen. „Wenn jemand eine Bio-Prothese wie in diesen Science-Fiction-Filmen haben möchte, müssen wir ihn enttäuschen", so Gow. „Aber mit dem Budget, das Filmleute zur Verfügung haben, um in der Fantasie Fortschritte zu machen, könnte ich in der Realität ein gutes Stück vorankommen." Noch kann die Wissenschaft die inneren Bewegungsabfolgen der Finger nicht simulieren, aber im Moment ist Campbell mit dem aktuellen Stand der Technologie in der realen Welt ganz zufrieden. „Der neue Arm ist viel ruhiger als der alte, das ist ideal fürs Tontaubenschießen", erklärt er uns. „Dieses Jahr habe ich schon zwölf Trophäen gewonnen."

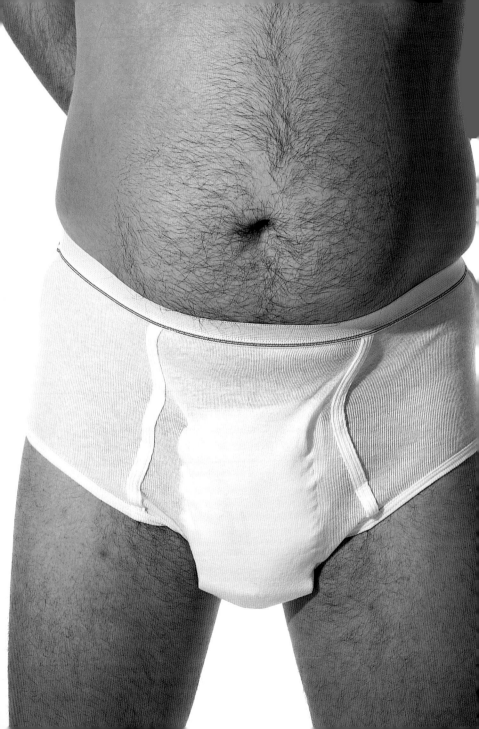

A 55cm bronze figure urinating is the most important statue in the most important city of the European Union. The Manneken Pis (meaning "boy pissing") in Brussels is naked here, but he has 570 different outfits—a municipal employee takes care of the wardrobe, which ranges from an Elvis Presley costume to formal wear for official occasions (every April 6, the anniversary of the entry of U.S. forces into World War I in 1917, he pisses in a U.S. Military Police uniform). The statue is of uncertain medieval origins: One theory is that it honors a boy who put out a fire that threatened the city—and the other theories are just as unlikely. The Manneken Pis now stands at the heart of a flourishing business. He has inspired more than 50 different souvenirs, and some of the 16 tourist shops near the statue sell upwards of 9,000 of them per year.

Your bladder can hold between 350ml and 550ml of urine. When it's about 200ml full, you start feeling the need to empty it. Because of childbirth, disease or age, some people cannot control the muscle that regulates urination. Others may have a weak bladder wall muscle. In either case, their bladders leak urine—a condition known as incontinence. Between 5 to 10 percent of the world's population are affected. With Rejoice, people who are incontinent can still lead a full, happy life. The pants come with removable pads that absorb released urine.

Eine 55 cm große, urinierende Bronze-figur ist die bedeutendste Statue in der wichtigsten Stadt der Europäischen Union. Manneken Pis aus Brüssel ist hier nackt abgebildet, das „pinkelnde Kerlchen" verfügt jedoch über 570 verschiedene Gewänder. Ein städtischer Beamter verwaltet seine Garderobe, die vom Elvis-Presley-Kostüm bis zum formellen Anzug für offizielle Anlässe reicht – am 6. April, dem Jahrestag des Kriegseintritts der USA im Jahr 1917, pinkelt er aus der Uniform der US-Militärpolizei. Der mittelalterliche Ursprung der Statuette ist ungewiss: Es heißt, sie sei zu Ehren eines Jungen aufgestellt worden, der die Stadt vor einem Brand gerettet habe – ebensowenig glaubwürdig wie viele andere Theorien. Manneken Pis steht heute im Mittelpunkt eines blühenden Business: Es gibt ihn in über 50 Formen als Souvenirartikel, und einige der 16 Andenkenläden in seiner Nähe verkaufen über 9000 Stück pro Jahr.

Deine Blase kann 350 bis 550 ml Urin aufnehmen. Bei ca. 200 ml verspürst du den Drang, sie zu entleeren. Manche Menschen haben aus verschiedenen Gründen – weil sie ein Kind geboren haben, krank oder alt sind – keine Kontrolle über den Muskel, der den Urinfluss reguliert. Andere haben eine schwache Blasenmuskulatur. In beiden Fällen läuft die Blase über, eine Krankheit, die als Inkontinenz bezeichnet wird und an der 5 bis 10 % der Weltbevölkerung leiden. Mit Rejoice kann man trotz dieser Krankheit ein erfülltes, glückliches Leben führen. Die Hosen haben herausnehmbare Windeln, die den Urin absorbieren.

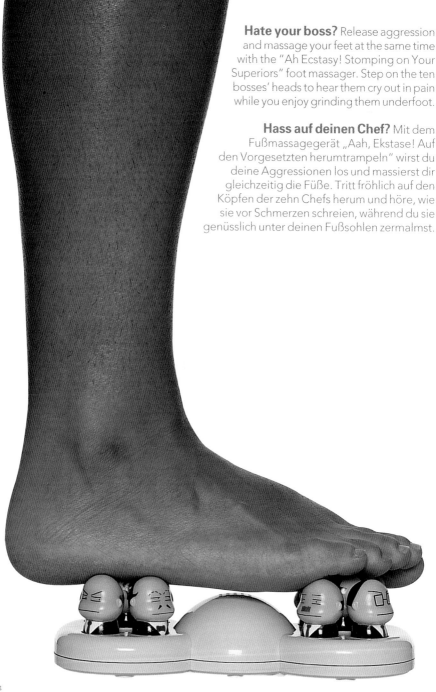

Hate your boss? Release aggression and massage your feet at the same time with the "Ah Ecstasy! Stomping on Your Superiors" foot massager. Step on the ten bosses' heads to hear them cry out in pain while you enjoy grinding them underfoot.

Hass auf deinen Chef? Mit dem Fußmassagegerät „Aah, Ekstase! Auf den Vorgesetzten herumtrampeln" wirst du deine Aggressionen los und massierst dir gleichzeitig die Füße. Tritt fröhlich auf den Köpfen der zehn Chefs herum und höre, wie sie vor Schmerzen schreien, während du sie genüsslich unter deinen Fußsohlen zermalmst.

Ball A pacifier dipped in aniseed liqueur is used to calm crying babies in Spain. During ritual Jewish circumcisions the baby's pacifier is dipped in kosher sweet wine. But sugary liquids can rot an infant's primary teeth. Give your little one the Teether Ball. It squeaks when you squeeze it, smells of vanilla, and is washable.

Ball Mit einem in Anislikör getunkten Schnuller werden in Spanien unruhige Babys beschwichtigt. Bei der rituellen Beschneidungszeremonie der Juden bekommen die Babys Schnuller mit kosherem süßen Wein. Leider können derart zuckrige Flüssigkeiten bei Kleinkindern zu Karies an den Milchzähnen führen. Gebt eurem Liebling stattdessen den Zahnball. Er quietscht, wenn man draufdrückt, riecht nach Vanille und ist waschbar.

This doll has cancer (note the thinning hair and chest catheter typical of chemotherapy patients). If you have cancer too, Oncology Buddy will accompany you on visits to the hospital. Created by Marty Postlethwait when her 11-year-old son Miles asked for "a friend like me" after 30 operations, the Shadow Buddies come in 17 versions, including Ortho Buddy (with braces on both legs) and Diabetic Buddy (with syringe and insulin). Breast Cancer Buddy (with left or right mastectomy scar) helps mothers explain to their children what's happening to them, and offers an added comfort: Women who have had mastectomies cushion their hypersensitive skin by placing Buddy against the scar when they're wearing a car seat belt.

Diese Puppe hat Krebs – das siehst du schon am dünnen Haar und dem Brustkatheter, der für Chemotherapie-Patienten typisch ist. Wenn du auch Krebs hast, kann dich Oncology Buddy auf deinen Krankenhausbesuchen begleiten. Diese Puppen wurden von Marty Postlethwait entworfen, nachdem ihr elfjähriger Sohn sich nach 30 Operationen einen „Freund, der mir gleicht" wünschte. Nun gibt es sie in 17 verschiedenen Versionen, darunter Ortho Buddy mit Stützschienen an beiden Beinen und Diabetic Buddy mit Insulinspritze. Der Brustkrebs-Buddy mit rechter oder linker Brustamputationsnarbe hilft Müttern, ihren Kinder zu erklären, was mit ihnen geschehen ist, und bietet zusätzlichen Komfort: Frauen, die eine Brustamputation hinter sich haben, können mit dieser Puppe ihre hoch empfindliche Haut beim Anschnallen im Auto schützen.

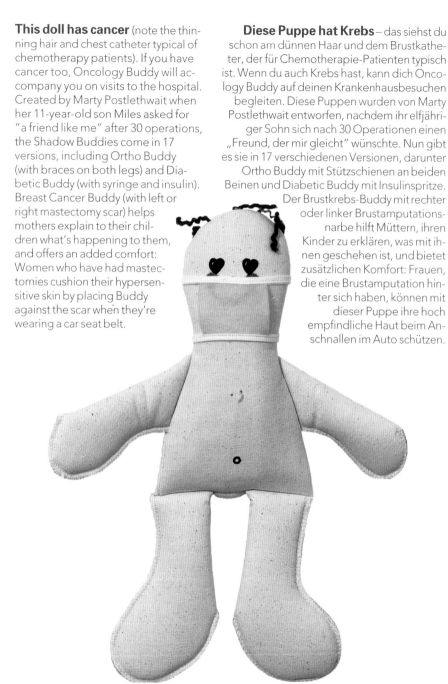

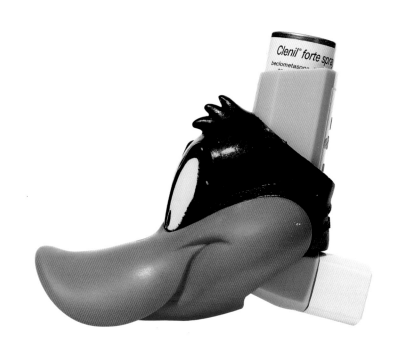

One in four Australian children have asthma—and the number is rising. Ventalin, a popular asthma medication, is to be inhaled during an attack but kids are sometimes embarrassed to take it in public. Puffa Pals are just the thing to help overcome embarrassment and make asthma cool. Just slide one over your Ventalin inhaler and it will be transformed into a wacky cartoon character like Bart Simpson or Daffy Duck.

Eins von vier australischen Kindern leidet an Asthma, und die Zahl der Erkrankungen steigt. Bei einem Anfall hilft ein Dosieraerosol, das inhaliert wird. Kindern ist es aber manchmal peinlich, ihr Aerosolgerät in der Öffentlichkeit zu benutzen. Mit den witzigen Puffa Pals wird die Sache weniger unangenehm. Versteck dein Inhalationsgerät einfach unter einem Puffa-Pal-Aufsatz. Dann wird daraus eine Cartoonfigur wie Bart Simpson oder Daffy Duck.

Egg Nepalese eat half-cooked eggs to stay healthy (although Western doctors warn that eating more than two eggs a week clogs your veins with cholesterol). This fancy egg doesn't owe its heart shape to sophisticated computer graphics: We cooked it ourselves in five minutes. With the Dreamland cooking kit you can also cook yolks in other forms.

Ei Die Nepalesen essen halbgare Eier, um gesund zu bleiben – westliche Ärzte hingegen warnen vor dem Verzehr von mehr als zwei Eiern pro Woche, da das Cholesterin die Arterien verstopft. Dieses fesche Ei verdankt seine Herzform keineswegs ausgefeilter Computergrafik: Wir haben es in fünf Minuten selbst gekocht. Mit dem Dreamland-Kochset könnt ihr auch andere Formen auf den Frühstückstisch bringen.

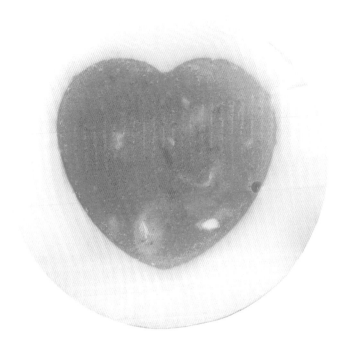

Portable heart "It's this or death," says Rémy Heym, spokesman for Novacor, the world's first portable heart pump. Because there are never enough heart donors to satisfy demand (only 2,600 for the three million Europeans with heart failure), Novacor is often a cardiac patient's only hope. Said heart patient Michel Laurent of Elancourt, France, "It's the reason I'm still around." Like other artificial hearts, the Novacor pump keeps blood circulating throughout the body. What makes it different is its size. While a previous generation of mechanical hearts confined patients to their beds, attached to clunky machines, the Novacor can be worn on a belt around the waist (rather like a Walkman). Two tubes through the chest connect the pump to the patient's failed heart. "As for the pumping noise," said Michel, "it's like your mother-in-law snoring—you get used to it." A bigger concern is the batteries: "I check them before I leave the house," Michel said. "And I always keep a spare set in the car."

Tragbares Herz „Wenn du nicht sterben willst, gibt es keine Alternative", erklärt Rémy Heym, der Sprecher von Novacor, dem Hersteller der weltweit ersten tragbaren Herzpumpe. Da es nie genügend Spenderherzen gibt – nur 2600 für drei Millionen Europäer mit schweren Herzproblemen –, ist Novacor für viele Herzpatienten die einzige Hoffnung. „Dank Novacor gibt es mich noch", erklärt Michel Laurent aus dem französischen Elancourt, der sein Gerät seit einigen Monaten mit sich herumträgt. Wie andere künstliche Herzen auch pumpt Novacor ständig Blut durch den ganzen Körper. Der Unterschied liegt in der Größe. Während ein Kunstherz aus der vorherigen Generation den Patienten ans Bett fesselte und an Furcht einflößende Maschinen anschloss, kann Novacor wie ein Walkman am Gürtel getragen werden. Zwei Schläuche sind durch die Brust mit dem kranken Herzen verbunden. „Was das Pumpgeräusch angeht", meint Michel, „so ist das wie mit dem Schnarchen deiner Schwiegermutter – man gewöhnt sich daran." Die Batterien machen ihm mehr Sorgen: „Immer wenn ich aus dem Haus gehe, überprüfe ich sie." Und eine Ersatzpackung hat Michel immer im Auto.

Incontinence—the inability to control one's bladder muscles—affects about one in 20 people. Frequently brought on by prostate cancer or old age, incontinence can make even a walk around the block a physically and psychologically distressing experience. But with the Freedom Pak system for men, going out in public need never be stressful again. You roll a latex slip onto the penis and connect the long drainage pipe to a discreet 500ml leg bag that straps around the calf. At the end of the day, a quick flip of the bag's special "T-Tap valve" empties the urine right into the toilet.

Inkontinenz – Blasenschwäche – trifft etwa einen von 20 Menschen. Diese Krankheit, oft durch Prostatakrebs hervorgerufen oder eine Alterserscheinung, macht sogar einen kurzen Gang um den Block zu einer körperlich und seelisch bedrückenden Erfahrung. Aber mit dem Freedom-Pak-System für Männer, das die amerikanische Firma Mentor Urology Inc. herstellt, wird Ausgehen nie wieder zur Qual. Ein Latexslip – hier nicht gezeigt – wird über den Penis gerollt und durch einen langen Abflussschlauch mit einem diskreten 500-ml-Beutel verbunden, der an der Wade befestigt ist. Am Ende des Tages leert man den Beutel durch Abreißen des T-Verschlusses direkt in die Toilette.

This potato could get you a few days' sick leave from the Israeli Defense Force (IDF). Just cut it in half, tie to your knee or shin and leave overnight. "Water inside the human cell tissue moves towards the potato," says Dr. Izaac Levy, formerly a medic for the IDF. "That causes the leg to swell." The fist-sized bump doesn't hurt, and lasts only a day or two—ideal for a weekend away.

Kartoffel Eine harmlose Kartoffel (rechts) kann euch ein paar Tage Krankschreibung bei der Israelischen Armee (IDF) inbringen. Halbiert sie einfach und bindet sie über Nacht ans Knie oder Schienbein. „Das Wasser im menschlichen Zellgewebe bewegt sich in Richtung Kartoffel", sagt Dr. Izaac Levi, ehemals Mediziner am IDF. „Das führt zu Schwellungen am Bein." Die faustgroße Beule tut nicht weh und zieht nach ein oder zwei Tagen ab – ideal für ein Wochenende daheim.

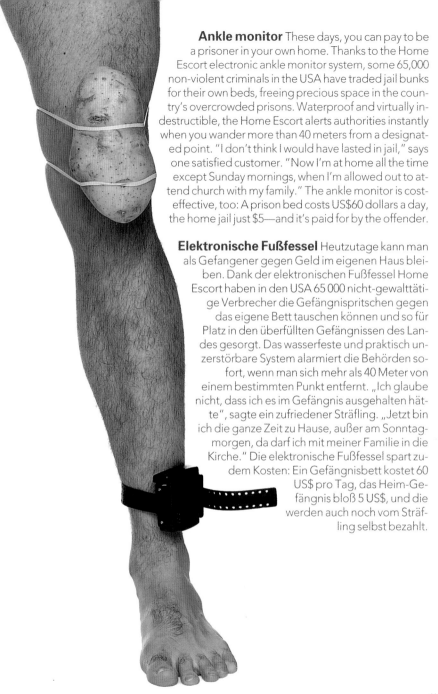

Ankle monitor These days, you can pay to be a prisoner in your own home. Thanks to the Home Escort electronic ankle monitor system, some 65,000 non-violent criminals in the USA have traded jail bunks for their own beds, freeing precious space in the country's overcrowded prisons. Waterproof and virtually indestructible, the Home Escort alerts authorities instantly when you wander more than 40 meters from a designated point. "I don't think I would have lasted in jail," says one satisfied customer. "Now I'm at home all the time except Sunday mornings, when I'm allowed out to attend church with my family." The ankle monitor is cost-effective, too: A prison bed costs US$60 dollars a day, the home jail just $5—and it's paid for by the offender.

Elektronische Fußfessel Heutzutage kann man als Gefangener gegen Geld im eigenen Haus bleiben. Dank der elektronischen Fußfessel Home Escort haben in den USA 65 000 nicht-gewalttätige Verbrecher die Gefängnispritschen gegen das eigene Bett tauschen können und so für Platz in den überfüllten Gefängnissen des Landes gesorgt. Das wasserfeste und praktisch unzerstörbare System alarmiert die Behörden sofort, wenn man sich mehr als 40 Meter von einem bestimmten Punkt entfernt. „Ich glaube nicht, dass ich es im Gefängnis ausgehalten hätte", sagte ein zufriedener Sträfling. „Jetzt bin ich die ganze Zeit zu Hause, außer am Sonntagmorgen, da darf ich mit meiner Familie in die Kirche." Die elektronische Fußfessel spart zudem Kosten: Ein Gefängnisbett kostet 60 US$ pro Tag, das Heim-Gefängnis bloß 5 US$, und die werden auch noch vom Sträfling selbst bezahlt.

Japanese schoolchildren are strongly advised to buy one of these fireproof cushion hoods. In fact, some schools insist that they do. In the event of fire or earthquake, students pop open the cushion (usually tied to their desk chairs), fold it over their heads and tie with the ribbon. "The cushions were developed after the war, when people would wet normal cushions and use them to protect themselves against fire bombs," a spokesman at Tokyo's City Hall Catastrophe Center told us. "But they're not going to protect your head in an earthquake—the best thing you can do is get under a table." With regular earthquake safety programs on TV, and several compulsory safety drills a year, most Japanese have some idea of what to do if a big quake strikes. "Once a week you can feel the earth shake in Tokyo," says our Japan correspondent. "It's worrying, but you get used to it."

Japanischen Schulkindern wird wärmstens empfohlen, sich diese feuerfeste Kissenhaube zuzulegen. Einige Schulen bestehen sogar darauf. Im Falle eines Feuers oder Erdbebens öffnen die Schüler das Kissen, das normalerweise an ihren Stühlen befestigt ist, falten es über dem Kopf zusammen und binden es mit einer Schleife fest. „Die Hauben wurden nach dem Krieg entwickelt, als die Leute normale Kissen anfeuchteten, um sich gegen Feuerbomben zu schützen", erzählte uns ein Sprecher des städtischen Katastrophenzentrums von Tokio. „Aber im Falle eines Erdbebens sind sie nicht zu gebrauchen – das Beste ist immer noch, sich unter einem Tisch zu verkriechen." Regelmäßig ausgestrahlte TV-Programme zum Erdbebenschutz und etliche obligatorische Sicherheitsübungen pro Jahr haben dafür gesorgt, dass die meisten Japaner für den großen Ernstfall gerüstet sind. „Die Erde bebt in Tokio etwa einmal die Woche", bestätigt unser Japan-Korrespondent. „Das ist beunruhigend, aber man gewöhnt sich daran."

Pure well water from Japan keeps for several years in this steel can. Keep it handy for emergencies like earthquakes.

Reines Quellwasser aus Japan ist in dieser Stahldose mehrere Jahre haltbar. Solltet ihr in Notfällen, etwa bei Erdbeben, immer in Reichweite haben.

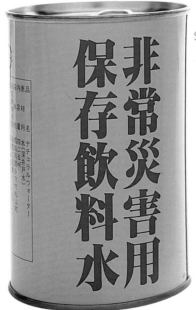

Home radiation kit If there's nuclear radiation in your backyard, this handy Kearny Fallout Meter (KFM) will detect it. Invented for survivors of a nuclear blast, the KFM can be assembled in only 1 1/2 hours "by the average untrained family," according to the US-based manufacturer. That's welcome news for French Polynesians, who don't have to wait for a nuclear attack to put their KFMs to good use: Since 1966, France has carried out more than 200 nuclear tests in the area. Although high cancer rates have been documented in populations near test sites in Australia and Kazakhstan, no such data exists in French Polynesia. The year the tests started, publication of public health statistics mysteriously stopped.

Strahlenmessgerät Ist dein Garten nuklear verstrahlt? Das handliche Kearny Fallout Meter (KFM) beantwortet dir diese Frage. Das KFM wurde für eventuelle Überlebende eines Atomkriegs entwickelt und kann, so der amerikanische Hersteller, sogar von der „technisch unbedarften Durchschnittsfamilie" in nur anderthalb Stunden zusammengebaut werden. Das hören die Einwohner Französisch-Polynesiens wahrscheinlich besonders gern: Sie brauchen keinen Atomkrieg abzuwarten, um ihren KFM auszuprobieren, denn seit 1966 hat Frankreich in der Region über 200 Atomtests durchgeführt. Beunruhigende Zahlen über einen Anstieg der Krebserkrankungen in ähnlichen früheren Testgebieten in Australien und Kasachstan liegen zwar vor, nicht jedoch Erhebungen über Französisch-Polynesien: Seit Beginn der Testserie wurden merkwürdigerweise keine Statistiken der Gesundheitsbehörde mehr veröffentlicht.

Safety shoes are worn by workers cleaning up hazardous radioactive material (or handling it in laboratories). They're made of lightweight vinyl and sponge for a quick getaway from contaminated areas, and they're also easy to wash. If your safety shoes become dangerously radioactive, seal them immediately in a steel drum and bury in a concrete vault for eternity.

Sicherheitsschuhe werden von Arbeitern getragen, die gefährliches radioaktives Material entsorgen oder damit im Labor zu tun haben. Die Schuhe sind aus leichtem Vinyl und Gummi, damit man schnell aus den kontaminierten Zonen entkommen kann, und sie sind waschbar. Wenn deine Sicherheitsschuhe zu radioaktiv geworden sind, versiegel sie umgehend in einer Stahltrommel und begrab sie für immer unter einer Betonschicht.

Oxygen helmet "Pollution is a newborn baby's number one risk in Mexico City," says industrial designer Sergio Cárdenas, who invented this acrylic oxygen hood to treat infants with breathing problems. "My idea was to surround the baby's head with a chamber of clean, oxygen-rich gas." The treatment can last for days or weeks, depending on the illness. Though the device has caught on with hospitals throughout Mexico City, some parents complain that the oxygen helmet is impersonal, shutting the child off from crucial affection. Cárdenas disagrees: "Hospitals are aggressive places anyway. What's most important is the baby's health." As a bonus, he says, the oxygen helmet will protect the baby's head from falling objects in the event of another Mexico City earthquake.

Sauerstoffmaske „Umweltverschmutzung ist hier in Mexiko-Stadt das Hauptrisiko für Neugeborene", erklärt Industriedesigner Sergio Cárdenas, der Erfinder dieser Haube aus Acryl, die bei Kindern mit Atemproblemen zum Einsatz kommt. „Meine Idee war es, den Kopf des Babys mit einer Kammer voll sauberer, sauerstoffreicher Luft zu umgeben." Die Behandlung kann sich je nach Schwere der Erkrankung über Tage oder Wochen hinziehen. Obwohl sich das Gerät in den Krankenhäusern der Stadt durchgesetzt hat, klagen manche Eltern, dass den Kindern durch die Sauerstoffmaske die so wichtige persönliche Zuwendung vorenthalten werde. Cárdenas widerspricht: „Krankenhäuser sind ohnehin aggressive Orte. Die Gesundheit des Babys ist unser oberstes Gebot." Als zusätzliches Argument führt er an, dass der Sauerstoffhelm das Kind vor herabfallenden Gegenständen schützen könne, falls es in Mexiko-Stadt noch einmal zu einem Erdbeben kommen sollte.

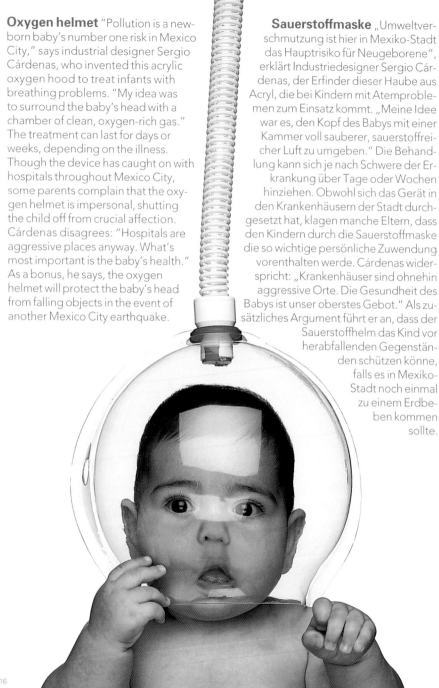

Escape hood The EVAC-U8 smoke hood is essential emergency gear for today's commuter. The luminous can (designed to glow in the dark) contains a hood made of Kapton, an advanced plastic that's heat-resistant up to 427°C. In the event of fire, nerve-gas attack or toxic leakage, you twist off the red cap, pull the hood over your head, fasten at the neck and breathe into the mouthpiece. The canister's "multi-stage, air-purifying catalytic filter" neutralizes any incoming toxic fumes, giving you 20 minutes to escape. Made in Canada, the EVAC-U8 has gained popularity in Japan since the Aum cult released poisonous sarin gas into the Tokyo metro in 1995. "It's light, portable, convenient and priced affordably," says MSA, the Japanese distributor of EVAC-U8. "Take it to work, school or shopping for a sense of safety."

Fluchthaube Die EVAC-U8-Rauchhaube gehört zur unverzichtbaren Notausrüstung für den modernen Nomaden. Die im Dunkeln leuchtende Dose enthält eine Kapton-Haube aus hitzeresistentem Kunststoff, der Temperaturen bis zu 427 °C aushält. Bei Feuer, einer Nervengasattacke oder einem Chemie-Unfall schraubt ihr die rote Kappe ab, zieht die Haube über den Kopf, befestigt sie im Nacken und atmet durch das Mundstück. Der „luftreinigende, katalytische Mehrphasenfilter" neutralisiert alle einströmenden giftigen Dämpfe und lässt euch 20 Minuten zur Flucht. In Kanada hergestellt, erfreut sich EVAC-U8 in Japan größter Beliebtheit, seit Mitglieder der Aum-Sekte 1995 hochgiftiges Saringas in einer Tokioter Metro-Station ausströmen ließen. „Es ist leicht, tragbar, bequem und preisgünstig", so MSA, der japanische EVAC-U8-Vertreiber. „Zur Arbeit, zur Schule oder zum Einkaufen mitgenommen, vermittelt es immer ein Gefühl von Sicherheit."

Virgins' tea Yin Zhen White Tea is one of the most expensive teas in the world. We're not sure if experts can taste it, but each leaf has been handpicked by young Chinese virgins in the province of Fujian. It sells for US$900/kg.

Jungfrauentee Yin Zhen White Tea ist eine der teuersten Teesorten der Welt. Wir wissen nicht, ob die Experten es wirklich herausschmecken können, aber jedes Blatt ist von einer Jungfrau aus der chinesischen Provinz Fujian handgepflückt. Der Tee wird für 900 US$ das Kilo verkauft.

Like a virgin Venezuelan Dr. Angel Salas spends most of his day performing elementary plastic surgery: skin pleats, liposuction, breast enlargements. Occasionally he is called upon to do something rather special. "Surgery to reconstruct virginity is simple but very meticulous," he says. If the operation is performed one month before a wedding, and the freshly made virgin doesn't ride horses or bikes until the big day, her groom won't be disappointed on their "first night." He need never know.

Rein und jungfräulich Der venezolanische Arzt Dr. Angel Salas verbringt den größten Teil des Tages mit der üblichen plastischen Chirurgie: Lifting, Fettabsaugen oder Brustvergrößerung. Ab und zu wird er auch um einen eher ungewöhnlichen Eingriff gebeten: „Die Operation, mit der die Jungfräulichkeit wieder hergestellt wird, ist zwar einfach, muss aber sehr genau sein." Wenn der Eingriff einen Monat vor der Hochzeit durchgeführt wird und die wieder zur Jungfrau gewordene Verlobte bis dahin weder reitet noch Fahrrad fährt, wird ihr Mann von der „ersten Nacht" nicht enttäuscht sein. Warum sollte man ihn aufklären?

If you want a firmer bust, try freezing it. The Belgian makers of Bust'Ice claim you can "strengthen and harden your breasts" with their gel-filled plastic bra in a matter of weeks. Place the bra in your freezer until the cups harden, strap it on for just five minutes a day, and watch as the "tonic action" of the cold begins to lift your breasts. "Indispensable for all women," says the manufacturer's brochure, Bust'Ice comes with special instructions for avoiding freezer burn.

Removable nipples "give an attractive hint of a real nipple" to breast prosthetics, according to Gerda Maierbacher of German manufacturers Amoena. Worn by women who have undergone a mastectomy (breast removal), the nipples look great with bikinis or thin dresses. "They're glued to the skin and held in place by the fabric," says Maierbacher, "So there's no danger of them sliding around or falling off, even while you're swimming."

Wenn ihr eine festere Brust haben wollt, versucht sie einzufrieren. Die belgischen Hersteller von Bust'Ice behaupten, ihre mit Gel gefüllten Plastik-BHs würden innerhalb von Tagen „die Brüste stärken und härten". Steckt den BH in den Kühlschrank, bis die Körbchen hart sind, legt ihn für fünf Minuten pro Tag an und stellt fest, wie durch die „belebende Wirkung" der Kälte die Brüste zusehends angehoben werden. „Unerlässlich für alle Frauen", so die Herstellerbroschüre; sie enthält auch Hinweise zur Vermeidung von Frostbeulen.

Die abnehmbaren Silikonwarzen „lassen charmant die Präsenz von Brustwarzen erahnen", so Gerda Maierbacher von der deutschen Herstellerfirma Amoena. Die Zielgruppe sind Frauen, die eine Brustoperation (Mastectomie) über sich ergehen lassen mussten. Die Brustwarzen passen gut unter Bikinis oder feine Kleiderstoffe. „Sie werden auf die Haut geklebt und durch den Stoff festgehalten", so Frau Maierbacher, „damit gibt es kein Risiko, dass sie runterfallen oder verrutschen, auch wenn Sie damit schwimmen."

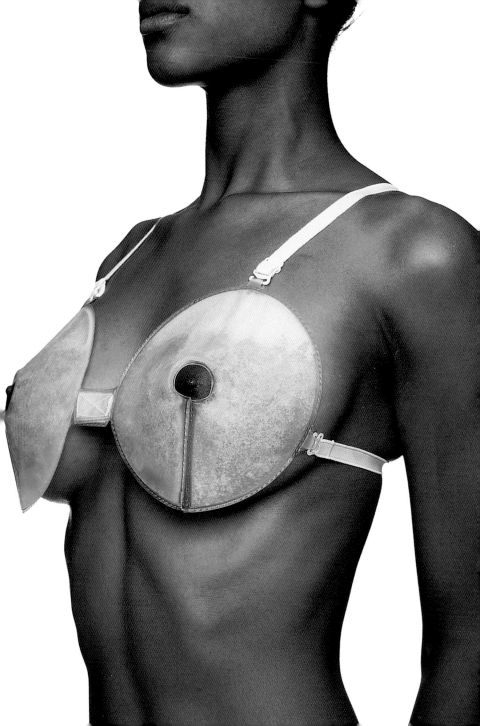

Electric tongue With its plump, soft lips and textured vinyl tongue, the FunTongue promises "the orgasmic experience of your life!" Advertised as the "first sensual aid that feels and acts like a real tongue," FunTongue offers a variety of speed settings and licking actions (up and down, side to side, in and out, or a little of each), ensuring that "oral sex will never be the same again." You can even press a button for squirts of realistic saliva. Co-inventor Teresa Ritter of Virginia, USA, says the FunTongue is the result of hard work and hours of testing. "We even had meetings with animatronics specialists from a theme park to figure out how to make it move like a real tongue," she says. And the makers are still working to improve it: Eight new tongue attachments (including one that's "real long and curly") will hit the market soon, along with an inconspicuous FunTongue carrying case. That way, Ritter says, "you can take it with you everywhere."

Elektrische Zunge Mit diesen vollen, weichen Lippen und der angerauhten Vinylzunge verspricht FunTongue „den besten Orgasmus des Lebens!" FunTongue wird als „erste Sinneshilfe, die sich wie eine richtige Zunge anfühlt und auch so wirkt" angepriesen und bietet verschiedene Geschwindigkeiten und Leckarten – von oben nach unten, von rechts nach links und umgekehrt, rein und raus oder von allem etwas. „Oraler Sex wird damit zu einem ganz neuen Erlebnis", versichert der Hersteller. Auf Knopfdruck erhält man sogar „Speichelspritzer". Ko-Erfinderin Teresa Ritter aus Virginia, USA, erklärt, dass FunTongue das Ergebnis harter Arbeit und stundenlanger Tests sei. „Wir hatten sogar Treffen mit den Puppen-Animations-Spezialisten eines Vergnügungsparks, um herauszufinden, wie man die Bewegungen einer richtigen Zunge simuliert." Und die Hersteller arbeiten weiter an Verbesserungen: Acht neue „Zungenschläge" werden bald auf den Markt kommen, darunter einer, der „extra lang und verschlungen" sein soll, alles zusammen in einem diskreten Tragekoffer. Damit, so Ritter, „kommt man überall auf seine Kosten".

Vulva puppet Having trouble locating your clitoris (or your partner's)? Get a vulva puppet, a soft velvet and satin toy in striking colors. The package includes a detailed map of a woman's erogenous zones. Just US$75 could improve your sex life forever.

Vulva-Puppe Habt ihr Probleme, eure Klitoris – oder die eurer Partnerin – zu finden? Besorgt euch die Vulva-Puppe, ein weiches Spielzeug aus Samt und Satin in grellen Farben. Das Paket enthält eine detaillierte Übersicht über die erogenen Zonen der Frau. Schon 75 US$ können euer Sexualleben für immer anheizen.

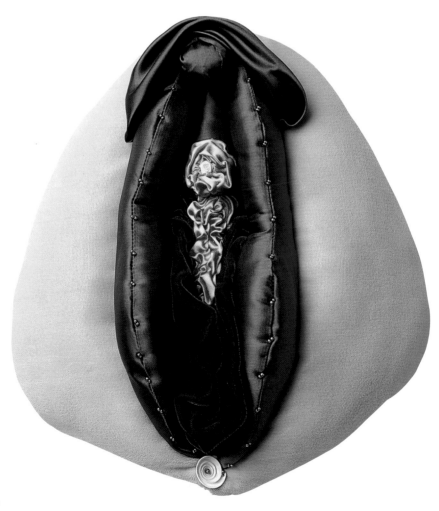

Genital mutilation tool This steel and goatskin scythe is used to "circumcise" young girls of Kenya's Kikuyu tribe. Nobody knows how many girls worldwide are subjected to female circumcision (more accurately known as genital mutilation), but in some African countries (including Somalia and Sierra Leone), it's about 90 percent. The procedure, an important puberty rite in these countries, is usually carried out on girls aged four to 12. The scythe (or sometimes a sharpened stone or rusty razor) is used to slice off the clitoris and scrape away part of the labia. In the most extreme cases, the vulva is then sewn together with thorns or thread, leaving a small hole for urine and menstrual blood to pass through. The whole operation is performed without anesthetic. Many people (including some mutilated women) believe circumcision keeps women pure until marriage (an "uncircumcised" woman often has little chance of finding a husband). Others think it's barbaric: Mutilated women sometimes become severely infected and need to be cut or ripped open to have sexual intercourse or give birth.

Genitalverstümmelungsgerät Diese Sichel aus Stahl und Schafsfell wird bei dem kenianischen Stamm der Kikuyu benutzt, um junge Mädchen zu „beschneiden". Niemand weiß genau, wieviele Mädchen weltweit Opfer solcher Genitalverstümmelung – auch „Klitorisbeschneidung" genannt – werden, aber in einigen afrikanischen Staaten, darunter Somalia und Sierra Leone, sind es an die 90% eines Jahrgangs. Die Prozedur ist ein wichtiger Bestandteil der Initiationsriten und wird gewöhnlich bei Mädchen im Alter zwischen vier bis zwölf Jahren ausgeführt. Mit der oben abgebildeten Sichel – manchmal auch mit einem scharfen Stein oder einem Rasiermesser – werden die Klitoris und Teile der Schamlippen entfernt. In Extremfällen wird die Vagina anschließend zugenäht, sodass nur ein kleines Loch für Urin und Menstruationsblut bleibt. Die ganze Operation erfolgt ohne Betäubung. Viele Menschen, darunter auch betroffene Frauen, sind der Ansicht, die Beschneidung sorge dafür, dass die Frauen bis zur Ehe „rein" blieben; oft hat eine nicht operierte Frau Probleme, einen Mann zu finden. Andere halten diese Sitte schlicht für barbarisch: Beschnittene Frauen haben kein Lustempfinden, zudem kommt es manchmal zu schweren Infektionen, und die Frauen müssen vor dem ersten Geschlechtsverkehr oder der Geburt des ersten Kindes erneut operiert werden.

Ecoyarn organic tampons contain no chemicals, bleaches or pesticides. Nor—unlike most tampons—do they contain dioxin, a chlorine by-product that probably increases the risk of cancer and infertility when it enters the vagina, one of the most absorbent organs in the body.

60 percent of women use tampons during their menstrual period (five tampons a day, five days a month for 38 menstruating years makes a lifetime total of about 11,400). Synthetic fibers in tampons can cause toxic shock syndrome, a rare but often fatal infection.

EcoYarn-Tampons enthalten keine Chemikalien, Bleichmittel oder Pestizide. Auch keine Dioxine – wie die meisten Konkurrenzprodukte. Diese toxischen Chlorkohlenwasserstoffe erhöhen wahrscheinlich das Risiko für Krebserkrankungen oder Unfruchtbarkeit, wenn sie in die Vagina gelangen, die zu den am stärksten absorbierenden Körperteilen gehört.

60% aller Frauen benutzen während der Periode Tampons. Fünf Tampons am Tag, fünf Tage während 38 Menstruationsjahren – das ergibt pro Frau 11 400 Stück. Synthetische Fasern in den Tampons können das Toxische Schocksyndrom (TSS) auslösen, eine seltene, aber oft tödliche Infektion.

Save tampon money, the environment and possibly your health, with the natural rubber Keeper Menstrual Cup. The 5cm bell-shaped cup sits just inside the vagina and collects menstrual blood. After about six hours, remove and rinse.

Statt Tampons zu tragen lieber Geld sparen, die Umwelt und vielleicht auch die Gesundheit schonen: Der Naturgummi „Keeper Menstrual Cup" ist die Alternative. Ein 5 cm großer, glockenförmiger Gummibehälter wird in die Öffnung der Vagina eingelegt und sammelt abfließendes Menstruationsblut. Nach etwa sechs Stunden herausnehmen und ausspülen.

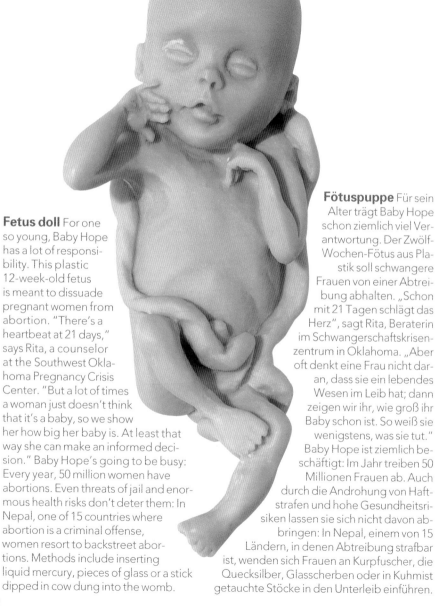

Fetus doll For one so young, Baby Hope has a lot of responsibility. This plastic 12-week-old fetus is meant to dissuade pregnant women from abortion. "There's a heartbeat at 21 days," says Rita, a counselor at the Southwest Oklahoma Pregnancy Crisis Center. "But a lot of times a woman just doesn't think that it's a baby, so we show her how big her baby is. At least that way she can make an informed decision." Baby Hope's going to be busy: Every year, 50 million women have abortions. Even threats of jail and enormous health risks don't deter them: In Nepal, one of 15 countries where abortion is a criminal offense, women resort to backstreet abortions. Methods include inserting liquid mercury, pieces of glass or a stick dipped in cow dung into the womb.

Fötuspuppe Für sein Alter trägt Baby Hope schon ziemlich viel Verantwortung. Der Zwölf-Wochen-Fötus aus Plastik soll schwangere Frauen von einer Abtreibung abhalten. „Schon mit 21 Tagen schlägt das Herz", sagt Rita, Beraterin im Schwangerschaftskrisenzentrum in Oklahoma. „Aber oft denkt eine Frau nicht daran, dass sie ein lebendes Wesen im Leib hat; dann zeigen wir ihr, wie groß ihr Baby schon ist. So weiß sie wenigstens, was sie tut." Baby Hope ist ziemlich beschäftigt: Im Jahr treiben 50 Millionen Frauen ab. Auch durch die Androhung von Haftstrafen und hohe Gesundheitsrisiken lassen sie sich nicht davon abbringen: In Nepal, einem von 15 Ländern, in denen Abtreibung strafbar ist, wenden sich Frauen an Kurpfuscher, die Quecksilber, Glasscherben oder in Kuhmist getauchte Stöcke in den Unterleib einführen.

First drink From the moment you're born, you can be just like mom and drink out of a Pepsi bottle. Munchkin Bottling Inc. introduced brand-name plastic baby bottles in 1992 with the slogan "A Bottle a Mother Could Love." The new 6cl size has silicone nipples and is tapered for little hands.

Der erste Drink Vom Tag der Geburt an kann man schon wie Mama aus einer Pepsi-Flasche trinken. 1992 hat Munchkin Bottling Inc. eine Babyflasche aus Plastik mit Markennamen und der Aufschrift: „Eine Flasche, wie Mutti sie mag" auf den Markt gebracht. Das neue 6-cl-Modell hat einen Gummisauger und ist speziell für kleine Hände geformt.

Alternate breasts when feeding a baby, so one doesn't dry up. This tip comes from Betsy and Ponchi, two dolls used in Peru to teach children about gestation, birth and breast-feeding. The handmade dolls come with a pouch that holds a small baby doll to simulate pregnancy and birth. A snap on the baby doll's mouth lets you attach it to the breast soon after birth.

An beide Brüsten abwechselnd solltet ihr das Baby beim Stillen anlegen, damit nicht eine Brust austrocknet. Dieser Tipp kommt von Betsy und Ponchi, zwei Puppen, von denen Kinder in Peru etwas über Schwangerschaft, Geburt und Stillen lernen sollen. Die handgefertigten Puppen gibt es mit einer kleineren Babypuppe, sodass Schwangerschaft und Geburt demonstriert werden können. Mit einem Druckknopf am Mund wird das Baby gleich nach der Geburt an der mütterlichen Brust befestigt.

Meet Kar Kar (with bra) and her sexual partner Tak Tak. Designed in 1997 by the Family Planning Association of Hong Kong (FPAHK) as part of a sex education campaign, the dolls fit together to demonstrate intercourse. Tak Tak ("tak" means "moral" in Cantonese) and Kar Kar ("kar" means family) have similar faces so children understand the equality of the sexes. "Tak Tak and Kar Kar can be used to perform a puppet show on topics like giving birth [hence Kar Kar's baby dangling from her vagina], knowing one's private parts, and puberty changes," explains David Cheng of the association. A valuable service: Parents polled in one Hong Kong survey turned out to be too ignorant about sex to teach their children the facts of life. According to a FPAHK 1996 youth sexuality study, 78 percent of children in Hong Kong learn about sex from pornography and the mass media.

Hier stellen wir euch Kar Kar (mit BH) und Tak Tak, ihren Sexualpartner, vor. 1997 wurden sie von der Vereinigung für Familienplanung in Hongkong (FPAHK) als Teil einer Kampagne zur Sexualerziehung entworfen. Sie sind so gestaltet, dass sie ineinander passen, sodass man mit ihnen Geschlechtsverkehr demonstrieren kann. Tak Tak („tak" ist das kantonesische Wort für „Moral") und Kar Kar („kar" steht für „Familie") sind mit ähnlichen Gesichtern ausgestattet, damit Kinder ein Gespür für die Gleichwertigkeit der Geschlechter bekommen. „Tak Tak und Kar Kar können im Puppentheater in Stücken auftreten, in denen es um den Geburtsvorgang – was erklärt, wieso an Kar Kars Vagina ein Baby baumelt –, um die eigenen Geschlechtsorgane oder um Veränderungen während der Pubertät geht", erklärt David Cheng von der Vereinigung. Ein wertvoller Dienst: Eine Umfrage hat ergeben, dass viele Eltern in Hongkong zu wenig über Sex wissen, um ihre Kinder über die Fakten des Lebens aufzuklären. Laut einer Studie des FPAHK von 1996 beziehen 78 % der Kinder in Hongkong ihr Wissen über Sex aus Pornoheften und den Massenmedien.

Stump The umbilical cord usually shrivels up and falls off newborns two to three weeks after birth. In Japan, mothers save the stump of the dried cord in a small wooden box along with a few strands of the baby's hair. If the child becomes seriously ill, the cord is ground up into powder and given to the baby as a powerful medicine.

Nabelschnurende Die Nabelschnur trocknet ein und fällt Neugeborenen normalerweise zwei bis drei Wochen nach der Geburt ab. In Japan heben viele Mütter das Ende der Nabelschnur zusammen mit einer Haarlocke des Babys in einer kleinen Holzschachtel auf. Wenn das Kind ernsthaft erkrankt, wird die Nabelschnur zermahlen und dem Kind als Heilpulver eingegeben.

"**I bought a cricket** for my baby," says Ma Yanan, mother of a 1-year-old in Beijing, "but maybe it was just an excuse, since now I'm too old to have crickets for myself." Many Chinese mothers give their children crickets in minuscule bamboo cages to keep them entertained. Other moms complain that the crickets are so noisy it distracts them more than the kids.

„**Ich habe meinem Baby eine Grille gekauft,**" sagt Ma Yanan, die Mutter eines Einjährigen in Peking, „aber vielleicht war das nur ein Vorwand, weil ich selbst zu alt dafür bin." Viele chinesische Mütter schenken ihren Kindern Grillen in winzigen Bambuskäfigen zum Spielen. Andere Mütter beklagen sich, dass die Grillen so viel Krach machen; sie lassen sich dadurch stärker ablenken als die Kleinen, für die sie gedacht sind.

Fatherly love More than 850 million Roman Catholics worldwide regard the Pope as the "earthly representative of Jesus Christ." They also believe that he's infallible when speaking on moral matters. If they get the chance to meet him, they address him as "Your Holiness," and kiss his ring. And even though he is Europe's only absolute monarch, once a year the Pope bends down to wash, dry and kiss the feet of 12 priests in an act of humility. The official Pope John Paul II all-day lollipop is sold at St. Peter's Square in Rome.

Väterliche Liebe Über 850 Millionen Anhänger der römisch-katholischen Kirche weltweit betrachten den Papst als „Vertreter Jesu Christi auf Erden". Sie glauben auch, dass er unfehlbar ist, vor allem in Fragen der Moral. Wenn sie die Chance bekommen, ihn zu treffen, dann sprechen sie ihn mit „Eure Heiligkeit" an und küssen seinen Ring. Obwohl er in Europa der einzige absolute Monarch ist, beugt sich der Papst einmal im Jahr herab, um in einem Akt der Demut die Füße von zwölf Priestern zu waschen, abzutrocknen und zu küssen. Der offizielle „Papst-Johannes-Paul-II.-Ganztags-Lutscher" wird auf dem St. Petersplatz in Rom verkauft.

Prayer doll Claude Sinyard owns a construction business in Florida, USA. On the side he produces these praying dolls: "My objective is to teach children to pray and to build unity. I have a young lady here in Jacksonville who makes them, and I've sold several hundred. We buy the clothes from all over the place, and some people give us the clothes that their children have outgrown. I don't want them to look like a Raggedy Ann— children don't want to see something dirty and filthy. The dolls come with pamphlets with different verses and songs in their own language, whether they be Muslim, Buddhist, Christian, whatever. They can be used to teach a child moral values: Don't lie, don't cheat, walk through life with pride in yourself— the ethics which give children the strength to go out and face the world."

Gebetspuppe Claude Sinyard besitzt ein Bauunternehmen in Florida, USA. Nebenbei produziert er diese Gebetspuppen. „Mein Ziel ist es, Kinder zum Beten anzuleiten und Einigkeit zu schaffen. Mit der Puppenherstellung habe ich vor etwa einem Jahr angefangen. Hier in Jacksonville werden sie von einer jungen Frau hergestellt – und ich habe schon mehrere hundert verkauft. Die Kleider bekommen wir von überall her. Manche Leute geben uns sogar die Klamotten, aus denen ihre Kinder herausgewachsen sind. Aber ich will nicht, dass die Puppen wie Lumpenpack aussehen. Kinder mögen das nicht. Die Puppen werden mit Broschüren geliefert, die Verse und Lieder in der jeweiligen Sprachen enthalten, abhängig davon, ob sie für Moslems, Buddhisten oder Christen sind. Sie sind sehr nützlich, um Kindern Moralvorstellungen beizubringen: Du sollst nicht lügen, betrügen; sei frei und selbstbewusst – mit dieser Ethik sind die Kinder für ein Leben in dieser harten Welt gewappnet."

Expired Roman Catholic communion wafers (also known as hosts) are believed to be transformed into the body of Jesus Christ during mass. In 1998, the European Union ruled that packages of the wafers must be labeled with expiry dates—like all other food. And though food poisoning isn't a threat, colds might be transmitted during the ceremony when worshippers shake hands or embrace as a sign of peace. The average North American suffers from six colds per year—and most of them aren't Catholics.

Verfallen Die Hostie, wie das bei der heiligen Kommunion verwendete ungesäuerte Weizenbrot genannt wird, verwandelt sich dem katholischen Glauben nach bei der Messe in den Leib Christi. 1998 schrieb die Europäische Union vor, dass auf den Verpackungen der Hostien ein Verfallsdatum angegeben werden muss, wie bei allen anderen Nahrungsmitteln. Eine Lebensmittelvergiftung riskiert hier wohl niemand; bei der gemeinsamen Abendmahlsfeier können aber Erkältungskrankheiten weitergegeben werden, wenn sich die Gläubigen zum Zeichen des Friedens umarmen oder einander die Hand geben. Der Durchschnittsamerikaner holt sich sechs Erkältungen im Jahr – und dabei sind durchaus nicht alle regelmäßige Kirchgänger.

ABCs The Hebrew alphabet has 22 characters. If you aren't one of the world's five million Hebrew speakers, learn with Osem's kosher chicken-flavored Alef-bet alphabet soup. Aleph is the first letter of the Hebrew alphabet.

ABC Das hebräische Alphabet hat 22 Buchstaben. Wenn du nicht zu den fünf Millionen Menschen auf diesem Planeten gehörst, die Hebräisch sprechen, kannst du die Sprache jetzt mit Osems koscherer Alef-bet-Buchstabenhühnersuppe lernen. Aleph ist der erste Buchstabe des hebräischen Alphabets.

Pilgrims During the Hajj (or pilrimage to Mecca in Saudi Arabia), that each Muslim is required to make at least once in a lifetime, the devout circle the Ka'aba (a square black building built by Abraham) seven times counterclockwise, before walking back and forth seven times between two nearby hills, Safa and Marwah. The practice is called Sa'i, and symbolizes Hagar's desperate search for water. Tradition says a spring of water (Zam Zam) suddenly sprang up from the earth here, saving her life and that of her son Ismail ("Ishmael" to Jews and Christians), father of all Arabs. Pilgrims today drink the water (or take it home) in the belief that it can heal. This prayer rug pictures Mecca, and is used by Muslims five times a day.

Pilger Auf der Hajj (der Pilgerfahrt nach Mekka), die jeder Moslem einmal im Leben machen muss, ziehen die Gläubigen in großen Kreisen siebenmal gegen den Uhrzeigersinn um die Kaaba (ein rechteckiges schwarzes Gebäude, das von Abraham errichtet wurde). Anschließend wandeln sie siebenmal zwischen zwei nahen Hügeln, Safa und Marwah, hin und her. Diese Wanderung wird Sa'i genannt und symbolisiert Hagars verzweifelte Suche nach Wasser. Der Legende zufolge quoll plötzlich frisches Wasser aus der Erde: Diese Quelle (Zam Zam) rettete ihr Leben und das ihres Sohnes Ismail ('Ishmael' für Juden und Christen), Stammvater aller Araber. In dem Glauben, dass es Heilwirkung besitzt, trinken die Pilger das Wasser der Quelle (oder nehmen es mit nach Hause). Auf diesem Gebetsteppich ist Mekka abgebildet. Moslems benutzen ihn fünfmal am Tag.

Catholic priests on the move can say mass anywhere with this portable mass kit, a briefcase equipped with crucifix, chalice, ceremonial cloth, wine and water flasks, and even battery-powered candles.

Katholische Priester auf Reisen können dank dieses tragbaren Messkoffers, ausgestattet mit Kruzifix, Kelch, Messgewand, Wein- und Wasserfläschchen und sogar einer batteriebetriebenen Kerze, überall die heilige Messe zelebrieren.

Water Bodies in water decompose four times faster than those in soil. Softened by liquid, body tissues are eaten by fish and aquatic insects (they start by nibbling on the eyelids, lips and ears). In India, the practice of water burial is so common (about 3,000 whole bodies and 1,800 tons of partially burnt cremation remains are thrown into the river Ganges every year) that the government instituted a novel clean-up project. Unfortunately, the 28,820 turtles raised to consume the decomposing flesh have already been eaten by locals. This flask contains water from the Ganges, which is sacred to Hindus.

Wasser Im Wasser verwesen Leichen viermal schneller als in der Erde. Haut und Gewebe werden von der Flüssigkeit aufgeweicht und von Fischen und Wasserinsekten verspeist – zuerst knabbern sie an Augenlidern, Lippen und Ohren. In Indien werden alljährlich 3000 vollständige Leichen und die Überreste von Aschenbestattungen mit einem Gewicht von 1800 Tonnen in den Ganges befördert. Angesichts dieser Verbreitung der Wasserbestattung hat die Regierung ein innovatives Säuberungsprojekt entwickelt, doch leider landeten die 28 820 Schildkröten, die eigens gezüchtet worden waren, um das verwesende Fleisch zu beseitigen, in den Kochtöpfen der Einwohner. Dieser Flakon enthält Wasser aus dem Ganges, der den Hindus heilig ist.

Jesus speaks Hindi. A postage stamp showing the nail wound on Christ's hand was issued in India to commemorate his birth 2,000 years ago. In a country of almost one billion inhabitants, where only 23 million are Christians, the Rs3 (US$0.07) stamp can help spread the Christian word—and it will also get a standard letter from Mumbai to Calcutta. Buy the stamp at the General Post Office in Mumbai, India.

Jesus spricht Hindi. In Indien wurde zum Gedenken an die Geburt Christi vor 2000 Jahren eine Briefmarke herausgegeben, auf der die Nagelwunden an seinen Händen nach der Kreuzigung abgebildet sind. In einem Land mit fast einer Milliarde Einwohnern, von denen nur 23 Millionen Christen sind, kann die 3 Rs-(0,07 US$-)Marke die christliche Botschaft unterstützen und gleichzeitig einen Standardbrief von Bombay nach Kalkutta befördern. Gibt's bei der Hauptpost in Bombay.

Nuns of the convent of St. Rita, based in Cascia, Italy, shop for their underwear at religious underwear suppliers in Rome. St. Rita's nuns prefer the Cross Your Heart model from Playtex (Item 346) in beige. It's unlikely St. Rita herself was so well supported during her lifetime—she's the saint of desperate causes. She is invoked against bleeding, infertility, loneliness, tumors and unhappy marriage. Not only was Rita's husband unfaithful to her, he also beat her up. When he was murdered in a vendetta, Rita was at long last free to pursue her childhood dream and become a nun.

Nonnen des Ordens der Hl. Rita in Cascia, Italien, kaufen ihre Unterwäsche in einem Spezialgeschäft für religiöse Unterwäsche in Rom. Die Nonnen der Hl. Rita bevorzugen das Modell „Zauberkreuz" von Playtex in beige (Artikel 346). Die heilige Rita selbst war wohl kaum so wohl gestützt. Rita ist die Heilige für hoffnungslose Fälle. Man wendet sich bei Verletzungen, Unfruchtbarkeit, Einsamkeit, Krebs und bei einer unglücklichen Ehe an sie. Ritas Mann war ihr nicht nur untreu: Er schlug sie auch. Als er in Rom ermordet wurde, konnte Rita sich endlich ihren Lebenstraum erfüllen und ins Kloster gehen.

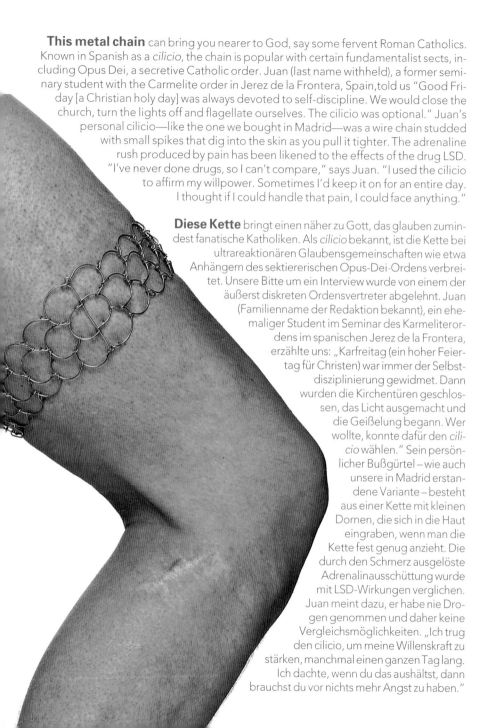

This metal chain can bring you nearer to God, say some fervent Roman Catholics. Known in Spanish as a *cilicio*, the chain is popular with certain fundamentalist sects, including Opus Dei, a secretive Catholic order. Juan (last name withheld), a former seminary student with the Carmelite order in Jerez de la Frontera, Spain, told us "Good Friday [a Christian holy day] was always devoted to self-discipline. We would close the church, turn the lights off and flagellate ourselves. The cilicio was optional." Juan's personal cilicio—like the one we bought in Madrid—was a wire chain studded with small spikes that dig into the skin as you pull it tighter. The adrenaline rush produced by pain has been likened to the effects of the drug LSD. "I've never done drugs, so I can't compare," says Juan. "I used the cilicio to affirm my willpower. Sometimes I'd keep it on for an entire day. I thought if I could handle that pain, I could face anything."

Diese Kette bringt einen näher zu Gott, das glauben zumindest fanatische Katholiken. Als *cilicio* bekannt, ist die Kette bei ultrareaktionären Glaubensgemeinschaften wie etwa Anhängern des sektiererischen Opus-Dei-Ordens verbreitet. Unsere Bitte um ein Interview wurde von einem der äußerst diskreten Ordensvertreter abgelehnt. Juan (Familienname der Redaktion bekannt), ein ehemaliger Student im Seminar des Karmeliterordens im spanischen Jerez de la Frontera, erzählte uns: „Karfreitag (ein hoher Feiertag für Christen) war immer der Selbstdisziplinierung gewidmet. Dann wurden die Kirchentüren geschlossen, das Licht ausgemacht und die Geißelung begann. Wer wollte, konnte dafür den *cilicio* wählen." Sein persönlicher Bußgürtel – wie auch unsere in Madrid erstandene Variante – besteht aus einer Kette mit kleinen Dornen, die sich in die Haut eingraben, wenn man die Kette fest genug anzieht. Die durch den Schmerz ausgelöste Adrenalinausschüttung wurde mit LSD-Wirkungen verglichen. Juan meint dazu, er habe nie Drogen genommen und daher keine Vergleichsmöglichkeiten. „Ich trug den cilicio, um meine Willenskraft zu stärken, manchmal einen ganzen Tag lang. Ich dachte, wenn du das aushältst, dann brauchst du vor nichts mehr Angst zu haben."

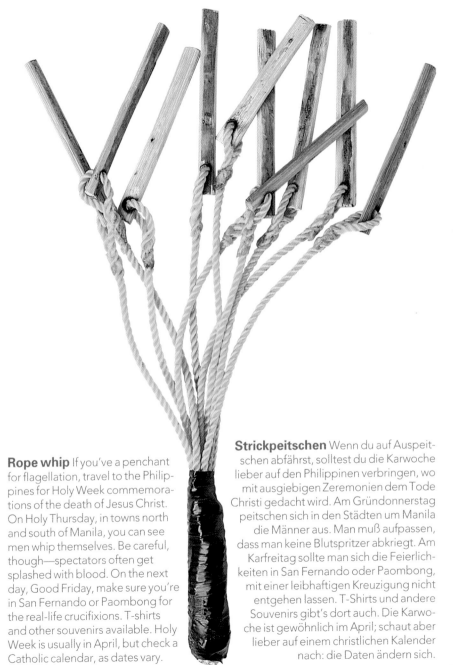

Rope whip If you've a penchant for flagellation, travel to the Philippines for Holy Week commemorations of the death of Jesus Christ. On Holy Thursday, in towns north and south of Manila, you can see men whip themselves. Be careful, though—spectators often get splashed with blood. On the next day, Good Friday, make sure you're in San Fernando or Paombong for the real-life crucifixions. T-shirts and other souvenirs available. Holy Week is usually in April, but check a Catholic calendar, as dates vary.

Strickpeitschen Wenn du auf Auspeitschen abfährst, solltest du die Karwoche lieber auf den Philippinen verbringen, wo mit ausgiebigen Zeremonien dem Tode Christi gedacht wird. Am Gründonnerstag peitschen sich in den Städten um Manila die Männer aus. Man muß aufpassen, dass man keine Blutspritzer abkriegt. Am Karfreitag sollte man sich die Feierlichkeiten in San Fernando oder Paombong, mit einer leibhaftigen Kreuzigung nicht entgehen lassen. T-Shirts und andere Souvenirs gibt's dort auch. Die Karwoche ist gewöhnlich im April; schaut aber lieber auf einem christlichen Kalender nach: die Daten ändern sich.

The smoking saint of Mexico is St. Hermano San Simón. If you need a favor, buy a statue of the saint and light two cigarettes—one for him and one for you. If you want to quit smoking, simply light a cigarette for him and ask for his help.

Der mexikanische Heilige der Raucher ist St. Hermano San Simón. Wenn du Hilfe brauchst, kaufe eine Heiligenstatue von ihm und zünde zwei Zigaretten an – eine für ihn und eine für dich. Wenn du das Rauchen aufgeben möchtest, mach nur eine Zigarette für ihn an und bitte ihn um Hilfe.

Fire Worried about finding a lover? Buy a *gualicho* (lucky charm) candle. Etch your name on the candle along with the name of the lover you desire, dip the candle in honey, and burn a piece of paper covered with your names in the candle's flame. Once the sheet is consumed, your love is guaranteed.

Feuer Hast du Angst, keinen Liebhaber zu finden? Dann kauf dir eine *gualicho*, eine glückbringende Kerze. Ritz deinen Namen und den der Person, die du erobern möchtest, in das Wachs, tauch die Kerze in Honig und verbrenn in ihrer Flamme ein Blatt Papier, das mit euren Namen beschrieben ist. Wenn das Blatt verbrannt ist, ist dir deine Liebe sicher.

Prayer sprayer For best results, say a prayer after freshening the air with House Blessing deodorant aerosol spray. There's a prayer printed on the can for first-time users.

Gebetsspray Um auf Nummer sicher zu gehen, sprecht ein Gebet, nachdem ihr mit einer Sprühdose der Heiligen Michael, Clara, Martin oder Judith für frische Luft gesorgt habt. Auf jeder Dose ist für noch nicht Eingeweihte ein Gebet aufgedruckt.

"A shrine must come from the heart in order to weave a thread of communication between the maker and the beholder." These words of advice come from Ralph Wilson, who conducts shrinemaking workshops around North America. No time to attend a workshop? Buy a kit that includes everything you need to whip up an altar to your idol.

„Die Einrichtung eines Schreins sollte von Herzen kommen, damit eine Verbindung zwischen dem Stifter und demjenigen hergestellt wird, dem er gewidmet ist." Dieser Ratschlag kommt von Ralph Wilson, der Workshops zum Bau von Schreinen im Norden der USA durchführt. Keine Zeit dafür? Mit diesem Set für einen Altar kannst du schnell einen Schrein für dein persönliches Idol zusammensetzen.

Homosexual doll Carlos is a Puerto Rican homosexual living in New York City, USA. He is 28 years old, 53cm tall and anatomically correct, if rather generously endowed. He's involved with a sailor called Billy. Carlos is the latest in an honorable tradition of gay dolls that began with the 1978 launch of Gay Bob (he was hidden in a cardboard closet from which he could be "outed"). By contrast, Carlos is sexually uninhibited, sports classic homoerotic leather gear and comes packaged in a transparent box with his pants down. He avoids homophobics: A 1998 study at the University of Washington, USA, found that 18 percent of American men admitted to having physically assaulted a person they thought was gay.

Homosexuelle Puppe
Carlos, ein homosexueller Puertoricaner, ist 28 Jahre alt und lebt in New York. Er ist 53 cm groß, und die Anatomie stimmt, auch wenn er sehr großzügig ausgestattet ist. Er ist mit einem Matrosen namens Billy zusammen. Carlos ist der Jüngste aus einer ehrenwerten Reihe homosexueller Puppen, die 1978 mit dem Schwulen Bob begann. Der wurde damals in einem Pappschachtel-Schrank geliefert, aus dem man ihn herausholen oder „outen" konnte. Carlos dagegen ist völlig frei von sexuellen Hemmungen, trägt klassische homoerotische Lederklamotten und wird in einer transparenten Packung mit herunter gelassener Hose verkauft. Schwulenhassern geht er möglichst aus dem Weg: Nach einer 1998 erstellten Studie der Universität Washington gaben 18% der amerikanischen Männer tätliche Angriffe auf Personen zu, die sie für schwul hielten.

Jesus doll Jesus "Lord of All," a posable action hero, carries a detachable basket of loaves and fishes. His mission is to remind children in "today's world of man-made superheroes" of "Bible individuals who were genuine heroes, performing the work God had for them," according to his packaging. He can feed more than 5,000 people with just five loaves of bread and two fishes (John 6:1-13). He can also "Teach About Sharing," "Talk About Miracles" and "Help Children Understand Stewardship." The Lord of All is not suitable for young Christians under three years, due to his "Small Parts" (they're a choking hazard).

Jesuspuppe „Unser aller Heiland" wird als aufstellbarer Actionheld mit einem Korb voller Fische und Brote geliefert. Seine Mission besteht darin, die Kinder „in dieser Zeit der von Menschen geschaffenen Superhelden" an „die Gestalten aus der Bibel" zu erinnern, „die echte Vorbilder waren und das taten, was Gott ihnen befohlen hatte". Das steht jedenfalls auf der Verpackung. Er kann über 5000 Menschen mit nur fünf Brotlaiben und zwei Fischen sättigen (Johannes 6,1–13). Dazu „lehrt er das Teilen", „spricht von Wundern" und „hilft Kindern, verantwortlich zu handeln". „Unser aller Heiland" ist jedoch nicht für Kleinkinder unter drei Jahren geeignet, da sie an den „verschluckbaren Kleinteilen" ersticken könnten.

Message Chinese fortune cookies were invented in the USA. This one was packaged in Germany and contains a trilingual message (English, French, Italian). To ease global marketing, messages have been revised—gender-specific sentences and references to Confucius have been removed.

Botschaft Chinesische Glückskekse wurden in den USA erfunden. Dieser Glückskeks wurde in Deutschland abgepackt und enthält eine Botschaft in drei Sprachen (Englisch, Französisch und Italienisch). Um globales Marketing zu vereinfachen, wurden die Sprüche verändert. Geschlechtsspezifische Sprüche und Anspielungen auf Konfuzius ließ man weg.

About nine million Italians watch TV every Saturday night, hoping to get rich. TV personality Raffaella Carrà gives away billions of lire (19 billion, or US$9.6 million, in 1999) in her very own lottery, while also reuniting long-separated relatives or friends, in addition to singing and dancing for the viewer. A limited offer of 3,000 statuettes of the so-called Lady of Luck, together with a CD of her hits, is available at record stores in Italy for Lit100,000 ($52).

Etwa neun Millionen Italiener sehen jeden Samstagabend fern, in der Hoffnung auf das schnelle Geld. Fernsehstar Raffaella Carrà verteilt in ihrer Lotterieshow Milliarden Lire (1999 waren es 19 Milliarden Lire oder 9,6 Millionen US$). Gleichzeitig bringt sie Freunde und Verwandte, die sich lange nicht gesehen haben, wieder zusammen und mischt das Ganze mit eigenen Tanz- und Musikeinlagen. Jetzt wird in italienischen Plattenläden eine limitierte Auflage von 3000 Statuetten der sogenannten „Glücksfee" zusammen mit einer CD ihrer Hits angeboten. Kostenpunkt: 100 000 Lit. (52 US$).

Heart Throbber makes other parts of your body throb before you feel it in your heart. UK manufacturer Ann Summers describes this vibrator as "dainty and soft, a clitoral stimulator a lady will always cherish."

Der Heart Throbber bewegt andere Körperpartien, bevor ihr ihn im Herzen fühlt. Die britische Herstellerin Ann Summers beschreibt den Vibrator als „zart und sanft, eine Klitoris-Stimulation, die Frauen immer genießen werden."

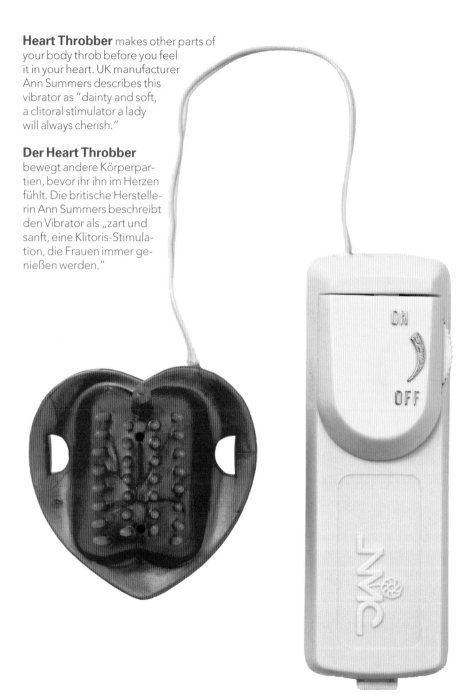

Sick of being single? Tired of listening to your workmates arranging dinner dates when you're facing a lonely evening at home? Try convenient Boyfriend-In-A-Box. Guaranteed not to lie, cheat on you or talk with his mouth full. He comes complete with his own instruction manual, portrait shot, data sheet and notes that you can leave in strategic places.

Genug vom Singledasein? Keine Lust mehr, dir anzuhören, wie deine KollegInnen ihre Verabredungen treffen, während du wieder mal allein zu Hause sitzt? Jetzt gibt's den praktischen Boyfriend-In-A-Box. Er lügt garantiert nicht, betrügt nicht und spricht auch nicht mit vollem Mund. Komplett mit Anleitung, einem Foto, Ausweispapieren und Briefchen, die du an den geeigneten Orten „vergessen" kannst.

Black Santa Claus Usually pictured as an overweight white man wearing a red suit, Santa Claus now comes in other colors. This black version is from the USA, where 12.6 percent of the population is of African-American descent. At some US shopping malls, you can even have your photo taken with a black Santa, a sign that African-Americans are on their way to being taken seriously as consumers.

Schwarzer Weihnachtsmann Bisher wurde er ausschließlich als übergewichtiger Weißer im roten Mantel abgebildet, aber jetzt gibt es den Weihnachtsmann auch in anderen Farben. Diese schwarze Version kommt aus den USA, wo 12,6 % der Bevölkerung afro-amerikanischen Ursprungs sind. In einigen amerikanischen Einkaufszentren kann man sich sogar mit einem schwarzen Weihnachtsmann fotografieren lassen – ein Zeichen dafür, dass auch Afroamerikaner endlich als ernst zu nehmende Konsumenten betrachtet werden.

Ganesh There are about 33 million gods in the Hindu pantheon. Lord Ganesh is one of the most popular—and one of the chubbiest. His paunch contains all known universes. It's also a symbol of success, which is why he's the patron god of Hindu businessmen. Fond of sweets (he usually has some in one of his four hands) Ganesh is also the god of wisdom and remover of obstacles. And the trunk? His dad Shiva—one of Hinduism's three central deities—chopped his real head off by mistake and promised to replace it with the next living creature that came along. It happened to be an elephant.

Ganesha Im Pantheon der Hindus sind ungefähr 33 Millionen Gottheiten versammelt; Ganesha ist eine der beliebtesten – und die molligste. Sein Bauch umfasst das gesamte Universum. Darüber hinaus ist er ein Symbol des Erfolges, weshalb hinduistische Geschäftsleute ihn zu ihrem Schutzpatron erkoren haben. Er liebt Süßigkeiten über alles (normalerweise hält er welche in einer seiner vier Hände), wird als Gott der Weisheit verehrt und beseitigt Hindernisse. Und sein Rüssel? Sein Vater Shiva – einer der drei Hauptgötter des Hinduismus – schlug ihm aus Versehen den Kopf ab und versprach diesen durch den Kopf des Lebewesens zu ersetzen, das er als nächstes treffen würde. Und das war ein Elefant.

Wax replicas of eyes, hearts, breasts, teeth and other body parts are sold at the Mount Mary Church in Mumbai, India. People praying for cures simply choose the replica corresponding to the ailing body part, say a prayer and place the replica on the altar as an offering. Feeling better already? Take the full body replica home as a souvenir.

Wachsrepliken von Augen, Herzen, Brüsten, Zähnen und anderen Körperteilen werden bei der Mount- Mary-Kirche in Mumbai, Indien, verkauft. Kranke, die dort um Heilung bitten, wählen eine Kopie des betroffenen Körperteils, sprechen ein Gebet und stellen die Kopie dann als Opfergabe auf den Altar. Geht es schon besser? Nimm den gesamten Körper als Souvenir mit nach Hause.

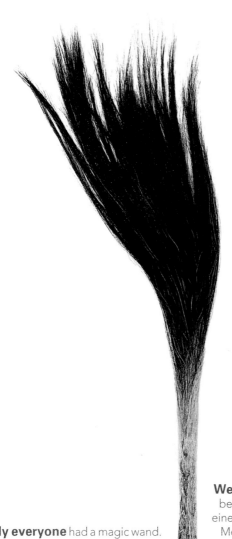

If only everyone had a magic wand. The muchila , a whisk made from a cow's tail, is used both in medicine and in witchcraft. Bush doctors in Zambia use it to heal heart problems and other illnesses. While reciting incantations, the doctor passes it over your chest and then tugs it back toward himself to draw the evil spirits out. For angina pains, your doctor might also prescribe a small bag of powder to lick when your chest pains flare up.

Wenn doch jeder einen Zauberstab besäße. Die *muchila*, ein Büschel aus einem Kuhschwanz, wird sowohl in der Medizin als auch bei der Hexenkunst angewandt. Dschungelärzte in Sambia verwenden es bei Herzproblemen und anderen Krankheiten. Während der Arzt rituelle Gesänge rezitiert, streicht er damit über deine Brust und dann wieder in seine Richtung, um böse Geister auszutreiben. Gegen Anginabeschwerden kann dir dein Arzt auch ein kleines Säckchen mit Pulver geben, an dem du lecken kannst, sobald Schmerz aufkommt.

If there's something not quite right in your life, rudraksha beads might help. They're seeds from the fruit of the rudraksha tree that grows in Indonesia (where there are only 80 of them) and in Nepal and India. Buddhists and Hindus rely on the beads as an aid to meditation (this *mala* of 32 beads is used by Hindus), but anyone can benefit from them. You just need to get the kind that's best for you. Every bead has a certain number of clefts that corresponds to its properties: Beads with one or 12 clefts will increase your serotonin levels (and relieve depression); others can control blood pressure and improve concentration. You should start feeling the effects within 90 days. To be sure your beads are the real thing, drop them in water. If they sink, they're genuine—if they float, you've been swindled.

Lord Vishnu, Hindu protector of the universe, is believed to be manifest in a slippery black rock known as the *saligram*, found on the banks of the Gandak River in Nepal. Worshiped by Nepalese, these stones can be bought outside the Pashupatinath Temple in Kathmandu.

Wenn irgendetwas in deinem Leben nicht stimmt, könnten dir Rudraksha-Perlen helfen. Das sind die Kerne der Frucht des Rudraksha-Baumes, der in Indonesien – dort allerdings nur in 80 Exemplaren –, in Nepal und Indien wächst. Buddhisten und Hindus dienen die Perlen zur Meditation (diese Gebetskette mit 32 Perlen wird von Hindus benutzt), aber sie helfen jedem. Du musst einfach nur die geeignete Sorte für dich finden. Jede Perle hat eine bestimmte Anzahl Kerben, die ihren Eigenschaften entsprechen: Perlen mit einer oder zwölf Kerben steigern den Serotoninspiegel und mildern so Depressionen, andere dienen zur Kontrolle des Blutdrucks und verbessern deine Konzentrationsfähigkeit. Die Wirkung tritt generell nach 90 Tagen ein. Wenn du sichergehen willst, dass deine Perlen echt sind, wirf sie in ein Glas Wasser: Wenn sie sinken, sind es echte, wenn nicht, hat man dich beschwindelt.

Vishnu Hindus glauben, dass Vishnu, der Schutzherr des Universums, im sogenannten Saligram präsent ist, einem glatten schwarzen Stein, den man an den Ufern des Kali Gandaki-Flusses in Nepal findet. Dieser von den Nepalesen verehrte Stein kann vor dem Pashupatinath-Tempel in Katmandu käuflich erworben werden.

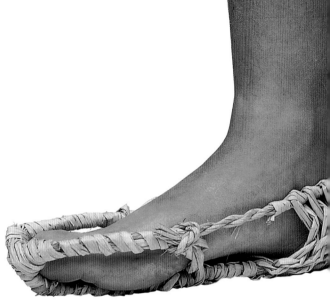

Mortuary footwear In Korea, both mourners and corpses wear these disposable straw sandals with white linen suits (costing as much as US$1,000 in specialty funeral shops). In the Kupres area of Bosnia Herzegovina (where guests entering a house are given a pair of *šarci*, or house socks), special burial šarci are knitted for the dead. The socks pictured here are šarci for the living: Burial socks (with black heels) are homemade and cannot be purchased. In Chile, the dead dispense with shoes altogether: Burying the dead barefoot, it's believed, will give them a chance to relax in the next life.

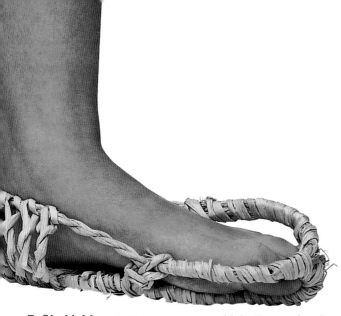

Fußbekleidung In Korea tragen sowohl die Trauernden als auch die Verstorbenen diese Einwegsandalen aus Stroh (links) und weiße Leinenanzüge (die in speziellen Läden für Trauerkleidung bis zu 1000 US$ kosten).In der Gegend um Kupres in Bosnien-Herzegowina, wo Gästen an der Haustür ein Paar Sarci – Haussocken – überreicht wird, werden dem Verstorbenen spezielle Sargsarci gestrickt. Diese hier sind für Lebende: Sargsocken haben schwarze Fersen, werden ausschließlich von Hand gefertigt und dürfen nicht verkauft werden. In Chile wird man ganz ohne Schuhe begraben: Es heißt, man könne sich im Jenseits so besser entspannen.

Necklace This do-not-resuscitate necklace could mean the difference between life and death. Available only to members of the Nederlandse Vereniging voor Vrijwillige Euthanasie (the Dutch euthanasia society), it reads "Do Not Resuscitate" in Dutch. The necklace is worn by people who would rather die than live in a coma or in the last stages of terminal illness. Although refusing treatment has been a legal right in the Netherlands since 1995, it's not always recognized. "I don't know if I should tell you this," says NVVE's Jonne Boesjes, "but ambulance staff policy is to ignore DNR necklaces. They say they can't be sure whether the necklace really belongs to that person, and anyway, they don't want to waste precious time figuring it out." Since NVVE members are required to keep a separate DNR statement with them at all times, some members forgo the necklace altogether. On arrival at the hospital, the medical staff can read the statement and still have time to terminate treatment. "And besides," says Jonne, "the necklace isn't exactly beautiful, is it?"

Halskette Diese Nicht-Wiederbelebungs-Halskette kann über Tod oder Leben entscheiden. Nur Mitglieder der Nederlandse Vereniging voor Vrijwillige Euthanasie (des holländischen Euthanasie-Vereins) besitzen dieses Halsband, das die holländische Aufschrift „Nicht wiederbeleben" trägt. Es wird von Menschen getragen, die lieber sterben möchten, als im Koma zu liegen oder die letzten Stadien einer tödlichen Krankheit zu erleiden. Obwohl Behandlungsverweigerung in Holland seit 1995 ein offizielles Recht ist, wird es nicht immer angewandt. „Ich weiß nicht, ob ich euch das erzählen sollte", so Jonne Boesjes von NVVE, „aber die Ambulanzen werden angewiesen, die NW-Halsbänder zu ignorieren. Sie sagen, sie können nicht sicher sein, ob das Halsband auch wirklich zu dieser Person gehört, und sie wollen keine wertvolle Zeit damit verlieren, das herauszufinden." Da NVVE-Mitglieder eine separate NW-Erklärung immer mit sich führen müssen, verzichten einige Mitglieder ganz auf das Halsband. Bei der Ankunft im Krankenhaus können die Ärzte diese Erklärung lesen und haben immer noch Zeit, die Behandlung zu beenden. „Außerdem", so Jonne, „ist das Halsband ja auch nicht gerade ein Schmuckstück, oder?"

Cryonics involves freezing your dead body in liquid nitrogen, storing it upside down at -196°C and waiting until scientists in the future have conquered terminal diseases. You will then be thawed, repaired and restored to immortal life. For now, there's no way of undoing the damage that freezing causes to cell tissue (one scientist says revival is about as likely as turning a hamburger back into a cow). Cryonicists hope that nanotechnology (whereby minuscule computers repair the body's cell tissue) will help out. Some cryonicists are so optimistic about their future lives, they're even investing in cryonic suspension for their pets.

Kryogenik Eure Leiche wird in Flüssigstickstoff tiefgefroren und kopfüber bei -196°C aufbewahrt, bis die Wissenschaft eines schönen Tages aller tödlich verlaufenden Krankheiten Herr geworden ist. Dann werdet ihr wieder aufgetaut, instandgesetzt und zu ewigem Leben erweckt. Derzeit gibt es noch keine Methode, die dabei verursachten Gewebeschäden wieder rückgängig zu machen (genauso wahrscheinlich ist es, einen Hamburger wieder in eine Kuh zurückzuververwandeln, meint ein Forscher). Kryogeniker setzen ihre Hoffnungen auf die Nanotechnik (Einsatz mikroskopisch kleiner Computer zur Zellreparatur). Einige glauben so fest an ihr zukünftiges Leben, dass sie sogar für ihre Haustiere die Investition in eine Kryogenbehandlung nicht scheuen.

If you see a mine, stop. Stand still and call for help. If no one comes, retrace your steps to where you came from. Mark the spot with a stick, stones or a piece of cloth, and inform an adult. To avoid mines, never take a shortcut through unfamiliar territory. If you see dead animals in an area, it's probably mined. Be careful when washing clothes: Heavy rains can dislodge mines from the earth and carry them downstream. Never enter an area that has mine warning signs: Mines and munitions can stay active for 50 years. (In Laos, which was bombed every eight minutes between 1965 and 1973 by US forces, millions of tons of bombs are still waiting to explode). PS: The Polish-made Strategic Mine Field Game pictured requires players (age 7 and over) to cross mined enemy territory by guessing the coordinates of a secret path to safety. Nice toy. Not much use in a minefield.

Wenn du auf eine Mine stößt, bleib sofort stehen und ruf um Hilfe. Wenn keiner kommt, geh den Weg zurück, den du gekommen bist, möglichst in denselben Fußstapfen. Markiere die Stelle mit einem Stock, Steinen oder einem Stück Stoff und sag einem Erwachsenen Bescheid. Nimm in minenverseuchten Gebieten niemals eine Abkürzung durch unbekanntes Gelände. Wenn du in der Gegend auf tote Tiere stößt, sind es wahrscheinlich Minenopfer. Sei vorsichtig bei der Wäsche: Schwere Regenfälle können Minen aus der Erde lösen und sie flussabwärts treiben. Betritt niemals ein Gebiet, das als vermint gekennzeichnet ist. Minen und Munition können 50 Jahre lang aktiv bleiben. In Laos, wo zwischen 1965 und 1973 alle acht Minuten US-Flieger Bomben abwarfen, sind Millionen Tonnen Sprengstoff noch nicht detoniert. P.S.: Bei diesem strategischen Minenfeldspiel aus Polen müssen die Spieler (Mindestalter: sieben) ein feindliches Minenfeld überqueren und dazu die Koordinaten des Geheimweges erraten, der sicher durch das Gelände führt. Lustiges Spielchen. Bringt aber bei einem echten Minenfeld rein gar nichts.

Only 1.4 percent of the soldiers in the US Army were women in 1970; in 1995 the figure stood at 11.8 percent. Barbie's military career began in 1989. She has served as an officer, pilot and Thunderbird squadron leader. Here she appears as a fully qualified army medic. Her authentic uniform is based on those worn by the 101st Airborne Division during the Gulf War. Barbie is ready for any emergency, with two handy medical shoulder bags and a large, white hairbrush.

Nur 1,4 % der US-Soldaten waren 1970 weiblichen Geschlechts, 1995 waren es schon 11,8 %. Barbies Karriere beim Militär begann 1989. Sie hat als Offizierin, Pilotin und Majorin der Thunderbirdstaffel gedient. Hier tritt sie als Militärärztin auf. Ihre Uniform ist derjenigen der 101. Airborne Division der US-Armee nachempfunden, die im Golfkrieg zum Einsatz kam. Barbie ist für alle Notfälle gerüstet: Sie hat zwei Umhängetaschen für die Instrumente und eine große, weiße Haarbürste dabei.

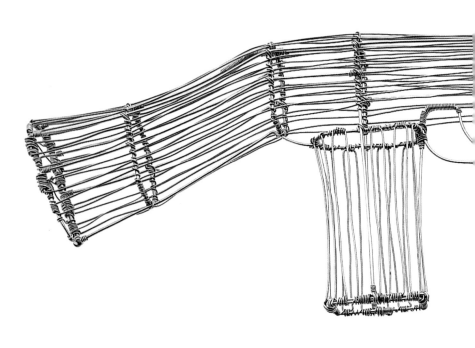

What is war for? Humans spend US$1 trillion a year on war. If you earned $10,000 a day (the going rate for Claudia Schiffer), it would take you almost 300,000 years to make that much money. Governments say military spending is an investment in the future. What could that possibly mean? This wire AK-47 was purchased in the township of Tafara, just outside Harare, Zimbabwe.

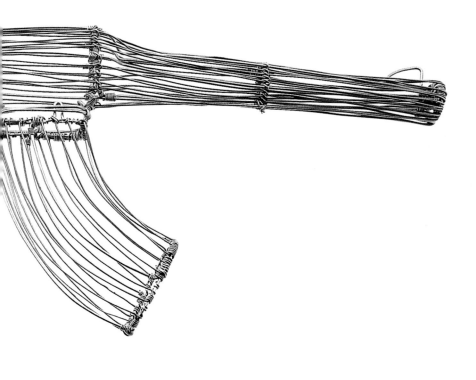

Wozu ist Krieg gut? Menschen geben jedes Jahr eine Billionen US$ für Krieg aus. Wenn du 10 000 US$ am Tag verdienen würdest – wie derzeit das Topmodel Claudia Schiffer –, müsstet ihr fast 300 000 Jahre arbeiten, um so viel Geld zu haben. Die Regierungen bezeichnen Militärausgaben als Investitionen in die Zukunft. Was kann das bloß heißen? Diese AK-47 aus Draht wurde in Tafara bei Harare in Simbabwe gekauft.

Perang periam bleduk is a street game in Jakarta, Indonesia, in which opposing teams compete to make the loudest blast. (You score extra points when you hit someone on the other team.) The meter-long cannon, made from bamboo, fires stones and dirt clods (left). The fuse is made from carbide, an explosive carbon compound. Or choose a handgun carved from the soft trunk of a banana tree, which shoots sewing needles up to 5m and was purchased on the street from Ari, age 10.

Perang Periam Bledukis ist ein Straßenspiel aus Jakarta, Indonesien, bei dem die gegnerischen Mannschaften versuchen, den lautesten Knall zu erzeugen. Extrapunkte gibt es, wenn man einen Gegner trifft. Die meterlange Kanone aus Bambus feuert Steine und Erdbrocken (links). Die Lunte ist aus Karbid, einer explosiven Kohlenstoffverbindung. Diese Pistole aus Jakarta, Indonesien, aus Bananenholz, schießt Nähnadeln bis zu fünf Meter weit. Wir haben sie dem zehnjährigen Ari abgekauft.

Footballs are made from available materials in Zambia—usually rags, paper or packaging materials—stuffed in a plastic bag and bound with string. A store-bought regulation ball would cost US$40, or one month of the average worker's wages.

Fußbälle werden in Sambia aus allem hergestellt, was gerade zur Hand ist – meistens sind das Lumpen, Papier oder Verpackungsmaterialien, die in eine Plastiktüte gestopft und mit Bindfaden umwickelt werden. Ein richtiger Ball aus dem Laden kostet 40 US$ – das durchschnittliche Monatsgehalt eines Arbeiters.

Takra balls, from Southeast Asia, traditionally woven from wicker, are now sometimes made from plastic. Players use their heads, knees and feet to volley the ball over a net.

Takrabälle aus Südostasien wurden früher aus Weidenruten geflochten, sind aber inzwischen auch oft aus Plastik. Die Spieler schießen den Ball mit Kopf, Knien oder Füßen über ein Netz.

Odd A sweatshirt stuffed with a pink nightgown and stitched with hexagonal patches to resemble a regulation football makes this rag football from Senegal.

Bizarr Dieser Lumpenfußball aus dem Senegal besteht aus einem Sweatshirt, in das ein rosa Nachthemd gestopft wurde. Damit der Ball offizieller aussieht, wurden sechseckige Flicken draufgenäht.

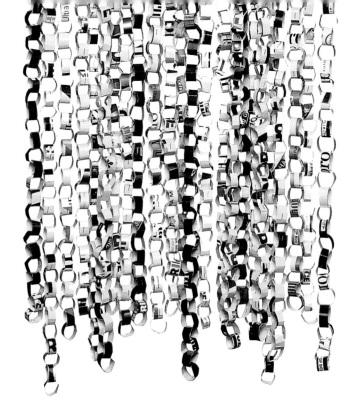

It took just 16 hours to make this versatile paper curtain. Add a few more chains (this one has 24, each with 48 links) and it becomes a room divider. Popular in the Philippines, paper curtains are a great way to get rid of garbage: If you smoked 15 cigarettes a day, this curtain would use up a year's worth of empty packs.

Nur 16 Stunden dauerte es, bis dieser vielseitige Papiervorhang fertig war. Wenn man noch ein paar Ketten hinzufügt – dieser hat 24 mit jeweils 48 Gliedern – wird ein Raumteiler daraus. In den Philippinen sind diese Vorhänge als Methode der Müllverwertung sehr beliebt: Bei einem Konsum von 15 Zigaretten am Tag entspricht dieser Vorhang dem Schachtelverbrauch von einem Jahr.

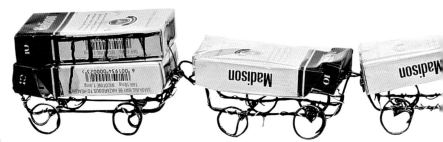

Fashioned out of aluminum foil from cigarette packs, this decorative flower is perfect for brightening up a religious altar. The design comes from Laos, but similar flowers adorn images of the Virgin of Guadalupe, a popular religious icon in Mexican homes.

Hergestellt aus dem Silberpapier von Zigarettenschachteln wurde diese dekorative Blume hergestellt – eine Zierde für jeden Altar. Das Design kommt aus Laos, aber ähnliche Blumen schmücken auch die Altäre der Jungfrau von Guadeloupe, einem in mexikanischen Haushalten beliebten Heiligenbild.

Young designer Armando Tsunga, 10, uses Madison and Kingsgate brand cigarette packs to add a dash of color to his wire creations. A train sells for Z$10 (US$1). Stop by the Chitungwiza township in Harare, Zimbabwe, to see his other pieces.

Der Jungdesigner Armando Tsunga (10) verwendet Zigarettenschachteln der Marke Madison und Kingsgate, um etwas Farbe in seine Drahtkreationen zu bringen. Ein Zug wie dieser hier ist für 10 Simbabwe-Dollar (1 US$) zu haben. Mehr davon könnt ihr im Chitungwiza-Township in Harare, Simbabwe, finden.

Made entirely from tiny strips of cigarette packaging, this collage (left) is just one of many prize-winning cigarette pack creations by Japanese homemaker Kyoko Sugita. "The hat was the most difficult part," Kyoko explains. "Out of all the cigarette brands produced by Japan Tobacco (the country's largest cigarette maker), only the little seal on the top of HI-LITE packs had the color and texture I needed. I ended up using about 300 packs for the hat alone."

Aus winzigen Papierstreifen von Zigarettenschachteln und nichts sonst besteht diese Collage (links). Sie ist nur eine von vielen preisgekrönten Kreationen der japanischen Hausfrau Kyoko Sugita. „Der Hut war der schwierigste Teil", erklärt Kyoko. „Unter allen Zigarettenmarken, die Japan Tobacco, der landesweit größte Zigarettenhersteller, produziert, besaß das kleine Siegel oben auf den Packungen nur bei HI-LITE die richtige Farbe und Oberflächenstruktur. Schließlich habe ich an die 300 Schachteln allein für den Hut verbraucht."

"I invented the Fuzzy Felt Storyboard in 1995," says British police sergeant Rod Maclennan, who used to work at Southwark's Child Protection Centre in London. "Interviewing children was sometimes difficult: They would try to explain something, but they couldn't, and they didn't have the skills to draw it." How can you draw intercourse? But you can show it. Today, the Storyboard is used in all 27 Child Protection Centres in London.

„Erfunden habe ich die Schautafel aus Filz 1995", sagt der britische Polizeibeamte Rod Maclennan, der beim Southwark-Zentrum für Kinderschutz in London arbeitet. „Es war manchmal schwierig, mit den Kindern zu sprechen: Oft wollten sie etwas erklären, aber sie schafften es nicht und konnten es auch nicht aufzeichnen. Wie malt man Geschlechtsverkehr? Aber man kann darauf zeigen." Heute wird die Schautafel in allen 27 Londoner Kinderschutzzentren benutzt.

Paper This clock from the Paper Gift Shop in Kuala Lumpur, Malaysia, is burned at the graveside: Sending loved ones into the next life with gifts is an important Taoist practice. The radio is a special feature designed by shopowner Kevin K.C.Choi. "It's for household use," explains Kevin. "People need to know the time, and enjoy listening to music. We also have paper watches that they can wear on their wrist."

Papier Diese Radiouhr aus dem Paper Gift Shop in Kuala Lumpur, Malaysia, wird bei Beerdigungen am Grab verbrannt: Taoisten legen Wert darauf, Freunden und Verwandten Geschenke mit auf die Reise ins Jenseits zu geben. Das Radio, eine Spezialausführung, wurde eigens vom Inhaber des Ladens, Kevin K.C.Choi, entworfen. „Es ist für den alltäglichen Gebrauch", erklärt Kevin. „Die Leute möchten wissen, wie spät es ist, und hören gerne Musik. Wir haben auch schicke Armbanduhren aus Papier."

Fruit The Ecotime clock can run on mineral water or even on Coke, as we discovered. It requires no batteries (2.5 billion batteries—and their poisonous contents—are discarded every year in the USA). Instead use the Horloge de Volta, which runs on oranges, apples, bananas and virtually anything that contains natural acids. Simply connect a circuit between the displays and the two fruits or vegetables of your choice.

Frucht Die Ökouhr funktioniert mit Mineralwasser oder sogar Cola, wie wir festgestellt haben. Da braucht man keine Batterien mehr – immerhin 2,5 Millionen Batterien müssen jedes Jahr samt giftigem Inhalt in den USA entsorgt werden. Oder nehmt die Horloge de Volta, die mit Orangen, Äpfeln, Bananen und praktisch allem betrieben wird, was natürliche Säuren enthält. Einfach einen geschlossenen Kreis zwischen der Anzeige und den beiden Obst- oder Gemüsearten eurer Wahl herstellen.

Aboriginal children rarely need toys to distract them—they're much more in contact with their caregivers than children in Western cultures. One of the few things they play with are boab nuts, which babies use as a rattle.

Kinder von Aborigines brauchen kein Spielzeug, um sich zu amüsieren – sie verbringen nämlich viel mehr Zeit mit ihrer Familie als Kinder in westlichen Kulturen. Eines ihrer wenigen Spielsachen sind Boabnüsse, aus denen die Aborigines Babyrasseln herstellen.

"I'm your friend Brushy Brushy, I'll keep your teeth shiny and bright, please brush with me every day, morning, noon and night!" This catchy jingle from a singing toothbrush might convince your child to brush: Almost half of all 7-year-olds in the USA have a cavity. Yucky Yucky, the talking medicine spoon, is also available.

„Ich bin dein Freund Brushy Brushy und bringe deine Zähne zum Strahlen, bitte benutze mich jeden Tag: morgens, mittags und abends!" Dieses fröhliche Liedchen einer singenden Zahnbürste könnte dein Kind vielleicht von der Notwendigkeit des Zähneputzens überzeugen: Fast die Hälfte aller Siebenjährigen in den USA haben Karies. Ebenfalls erhältlich ist Yucky Yucky, der sprechende Medizinlöffel.

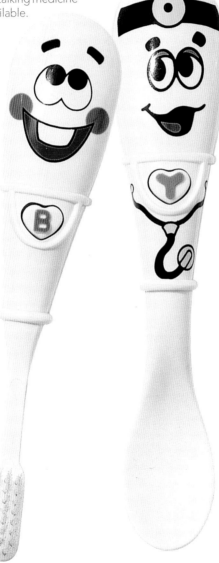

Save while you play with this no-nonsense piggy bank (right). Adorned with pictures of Hindi film stars, it's a miniature of the lockable steel cupboards found in the bedrooms of many middle-class Indian homes. Children need secrets to develop their own identity, say psychologists. And with the majority of Indian families living in one room, the minicupboard offers children a few precious centimeters of privacy. A more high-tech security system is the US-made Intruder Alarm, ideal for affluent American children: A recent survey found that 75 percent have their own room, 59 percent have their own TV sets and almost half have video recorders. The Intruder Alarm—complete with battery holder, three resistors, rubber band and sandpaper—can protect possessions from unwanted visitors. Simply connect the alarm to a window, door or box: As soon as a parent or thief breaks the circuit, the alarm sounds.

Sparen wird mit dieser praktischen Spardose zum Kinderspiel (rechts). Sie ist mit Fotos indischer Filmstars verziert und stellt eine Miniaturversion der Metallschränke dar, die in vielen Wohnungen der indischen Mittelschicht stehen. Psychologen sagen, dass Kinder Geheimnisse brauchen, um ihre Identität zu entwickeln. Da ein Großteil der Familien in Indien in einem einzigen Raum lebt, bietet der Minischrank Kindern ein paar Zentimeter Privatsphäre. Ein ausgefeilteres Sicherheitssystem ist die US-amerikanische Alarmanlage gegen Einbrecher, ideal für amerikanische Kinder, die in größerem Wohlstand leben: Neuere Umfragen ergeben, dass 75 % ein eigenes Zimmer und 59 % einen eigenen Fernseher haben; fast die Hälfte besitzt einen Videorecorder. Diese Alarmanlage mit Batterie-Set, drei Widerständen, Gummibändern und Sandpapier kann euren Besitz vor unerwünschten Besuchern schützen. Installiert sie an Fenstern, Türen oder Schränken: Sobald Eltern oder Diebe den Stromkreis unterbrechen, geht sie los.

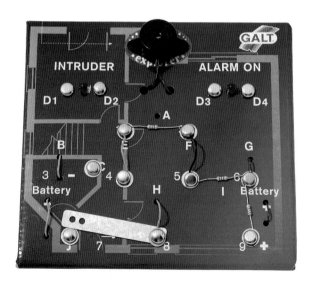

In Tienanmen Square, Beijing, Chinese soldiers opened fire on demonstrators on June 3, 1989. The government said that 300 people were killed; independent estimates put the death toll in the thousands. Margaret Thatcher, the British prime minister, was "appalled by the indiscriminate shooting of unarmed people." Polish leader Lech Walesa called it "brutal genocidal violence." The People's Government of Beijing took a different view. It commissioned this watch, bought from a Beijing street vendor, "in commemoration of the suppression of the turmoil in June 1989."

Auf dem Tienanmen-Platz in Peking eröffneten am 3. Juni 1989 chinesische Soldaten das Feuer auf Demonstranten. Regierungsangaben zufolge wurden 300 Menschen getötet; unabhängige Schätzungen sprechen von Tausenden von Toten. Margaret Thatcher, damals britische Premierministerin, war „entsetzt über das wahllose Hinmorden unbewaffneter Menschen". Polens Präsident Lech Walesa sprach von „brutaler, völkermordender Gewalt". Die Regierung der Volksrepublik sah das ganz anders: Diese in Peking von einem Straßenhändler erstandene Uhr wurde als „Andenken an die erfolgreiche Niederschlagung des Aufstandes vom Juni 1989" in Auftrag gegeben.

A cheap souvenir was picked up by a French naval officer on the Greek island of Melos in 1820. It was a marble statue of Venus made in the 2nd century BC, but it had no arms, so the officer got it for only US$45. Known as the *Venus de Milo*, the statue is now a star attraction at the Louvre museum in Paris, France. The Greek minister of culture has asked for its return; if he ever gets it back it can be reunited with its arms, which were unearthed in 1987. The authentic cheap souvenir shown costs FF89 ($17.80) at the Louvre shop.

Ein billiges Souvenir brachte ein französischer Marineoffizier 1820 von der griechischen Insel Milos mit: eine Marmorstatue der Venus aus dem 2. Jahrhundert v. Chr. Da ihr die Arme fehlten, wurde sie dem Offizier für nur 45 US$ überlassen. Unter dem Namen „Venus von Milo" ist die Statue heute eine der Hauptattraktionen des Louvre in Paris. Der griechische Minister für Kultur hat sie zurückgefordert. Sollte sein Ansinnen erhört werden, könnte sie wieder mit ihren Armen vereint werden, die 1987 ausgegraben wurden. Das Andenken für nur 89 FF (17,80 US$) ist im Souvenirgeschäft des Louvre erhältlich.

For Lit25,000 (US$13.80), you can have this miniature gondola (made in Taiwan) to remind you of the magical Venetian icon. But people who work on Venice's 177 canals would rather forget gondolas. According to one ambulance driver, "Gondoliers don't give a damn about us and won't move even if we have our siren on. They really think they're the princes of the city." Speeding ambulances and other motorboats create different problems. Their wakes erode building foundations along the canals. So the city has imposed a 6.5-knot speed limit and a Lit200,000 ($110) fine for offenders. Fancy a gondola ride? Lit120,000 ($66.30) for the first 50 minutes. Lit60,000 ($33) for every 25 minutes thereafter. Prices go up as the sun goes down. After 8pm Lit120,000 becomes Lit150,000 ($83), Lit60,000 becomes Lit75,000 ($41). But don't expect the gondolier to sing—it's a myth. You want music? Hire an accordion player and vocalist. The bill? A minimum of Lit170,000 ($94).

Für 25 000 Lire (13,80 US$) bekommt ihr diese Miniaturgondel made in Taiwan, die euch an das zauberhafte Wahrzeichen von Venedig erinnern soll. Aber die Leute, die auf den 177 Kanälen Venedigs arbeiten, könnten gut auf Gondelromantik verzichten. Ein Krankentransportfahrer meint: „Den Gondelfahrern sind wir schnurzegal. Die weichen nicht einmal aus, wenn wir die Sirenen anschalten. Die denken wirklich, sie seien die Herren der Stadt." Schnelle Nottransporte und andere Motorboote bereiten aber noch ganz andere Probleme: Sie rufen starken Wellengang hervor, der die Grundmauern der Gebäude entlang der Kanäle aushöhlt. Dagegen hat die Stadt eine Geschwindigkeitsbegrenzung von 6,5 Knoten eingeführt – mit saftigen 200 000 Lire (110 $) Strafzoll. Lust auf eine Gondelfahrt? 120 000 Lire (66,30 US$) für die ersten 50 Minuten. 60 000 Lire (33 US$) für jeweils 25 Minuten zusätzlich. Die Preise steigen nach Sonnenuntergang. Nach 20 Uhr werden aus 120 000 Lire dann 150 000 Lire (83 US$), 60 000 Lire wachsen auf 75 000 Lire (41 US$) an. Aber erwartet nicht, dass der Gondoliere Arien schmettert, das ist ein Mythos. Wollt ihr Musik? Mietet einen Akkordeonspieler mit Sänger. Die Kosten? Mindestens 170 000 Lire (94 US$).

Happy Meal Girl comes complete with plastic McDonald's cheeseburger, fries and an unidentified soft drink. She can survive solely on junk food, unlike a real child who, living entirely on high-fat, low-fiber Happy Meals, is likely to die prematurely from cancer, heart disease, obesity or diabetes. Her aim is to make junk food appealing to 3-year-olds. Already, 30 percent of McDonald's 38 million daily visitors are children. With the aid of a US$2 billion advertising budget, Happy Meal Girl has helped the McDonald's Golden Arches logo become more widely recognized than the Christian cross. But she's not just a pretty face—she also slurps and burps.

Das Happy-Meal-Mädel gibt es komplett inklusive Cheeseburger von McDonald's, Pommes und einem unidentifizierbaren Erfrischungsgetränk – alles aus Plastik. Sie ist imstande, ausschließlich von Junkfood zu leben. Ein echtes Kind, das sich nur von fetthaltigen, ballaststoffarmen Happy Meals ernährt, würde innerhalb kürzester Zeit an Krebs, Herzversagen, Übergewicht oder Diabetes zugrunde gehen. Die Puppe soll Dreijährigen Lust auf Junkfood machen. Schon jetzt sind 30 % der 38 Millionen Menschen, die täglich bei McDonald's essen, Kinder. Mit Hilfe eines Werbeetats von 2 Milliarden US$ ist es dem Happy-Meal-Mädchen gelungen, das Logo von McDonald's, die goldenen Bögen, bekannter zu machen als das christliche Kreuz. Aber sie ist nicht nur ein hübsches Ding – sie rülpst und schlürft auch gerne.

Heterosexual Elliot Chitungu, of Chitungwiza, Zimbabwe, found inspiration for these dolls in two branches in his father's garden. He made the first couple by molding mashed tree bark and glue and has made 12 in all. Like this pair, they've all been heterosexual (the girl's the one with the bigger hips). Homosexuality is a criminal offense punishable by imprisonment in Zimbabwe, and the country's leader, Robert Mugabe, is of the firm opinion that gays are "worse than pigs and dogs."

Heterosexuell Elliot Chitungu aus Chitungwiza in Simbabwe ließ sich zu diesen Puppen von zwei Zweigen im Garten seines Vaters inspirieren. Das erste Paar formte er aus zerstampfter Baumrinde und Klebstoff – jetzt hat er schon zwölf Puppen. Wie auch dieses Paar sind sie alle heterosexuell (das Mädchen ist die Puppe mit den breiteren Hüften). Homosexualität ist in Simbabwe ein Verbrechen, das mit Gefängnis bestraft wird – Landesvater Robert Mugabe hat die dazu passende Überzeugung: Er meint nämlich, dass Schwule „schlimmer als Schweine und Hunde" seien.

Epilepsy Pikachu, pictured here, made 730 Japanese children convulse after they watched Pokemon, a cartoon featuring Pikachu and based on Nintendo's Pocket Monsters video game. Red lights flashing in Pikachu's eyes in one scene probably triggered photosensitive or TV epilepsy (hallucinations or seizures caused by disturbed electrical rhythms in the brain). Epileptic attacks in video game users—now nicknamed "Dark Warrior epilepsy"— are thought to be more common than TV epilepsy because of the games' geometric figures, and because players sit closer to the screen. Even so, sales of Pocket Monster goods featuring Pikachu and other characters still generate US$3.14 billion each year.

Epilepsie Pikachu, hier abgebildet, verursachte bei 730 Kindern heftig Krämpfe. Nachdem sie Pokemon, eine Zeichentrickserie mit Pikachu nach dem Vorbild des Pocket-Monster-Videospiels von Nintendo gesehen hatten, erlitten sie einen Anfall. Wahrscheinlich haben die roten Lichter, die in einer Szene in Pikachus Augen aufblitzen, eine Lichtempfindlichkeits- oder Fernseh-Epilepsie ausgelöst (Halluzinationen oder Krampfanfälle, die durch fehlerhafte elektrische Entladungen der Nervenzellen im Gehirn hervorgerufen werden). Man geht davon aus, dass epileptische Anfälle bei Videospielen – „Dark Warrior-Epilepsie" genannt – häufiger vorkommen als beim Fernsehen, was wohl an dem geometrischen Spieledesign liegt und daran, dass die Spieler viel näher am Bildschirm sitzen. Trotz alledem bringen die Verkäufe von Pocket-Monster-Waren mit Pikachu und anderen Figuren immer noch einen Erlös von 3,14 Milliarden US$ pro Jahr.

"We call our dolls 'Friends'
because that's what we want them to be and because the word 'doll' carries so many stereotyped messages," say People of Every Stripe!, who make this "Girl with Prosthesis." One of a collection of handmade Friends –each available in 20 different skin tones and with mobility, visual, auditory or other impairments—she has a removable prosthesis that fits over her leg stump. Crutches, wheelchairs, leg braces, hearing aids, white canes, and glasses are optional accessories. "Human beings have made fabulous technological advances," explain Barbara and Edward, owners of People of Every Stripe!, "Yet our interhuman relationships have not advanced nearly enough, and far too many individuals are not flourishing in their inner lives. We hope that our merchandise and guidance help to improve this situation."

„Wir nennen unsere Puppen ‚Freunde', da sie das nun mal für uns sein sollen, und mit ‚Puppen' verbindet man einfach zu viele Vorurteile", meinen die People of Every Stripe!, die dieses "Mädel mit Prothese" herstellen. Sie gehört zu einer Sammlung von handgefertigten ‚Freunden',die jeweils in 20 verschiedenen Hauttönen erhältlich sind und Seh-, Höroder andere Körperbehinderungen haben. Unser „Mädel" hier hat eine abnehmbare Prothese, die zu ihrem Beinstumpf passt. Krücken, Rollstühle, Beinschienen, Hörgeräte, Blindenstöcke und Brillen werden nach Wunsch mitgeliefert. „Die Menschen machen technologisch fabelhafte Fortschritte", erklären Barbara und Edward, die Besitzer von People of Every Stripe!, „doch unsere zwischenmenschlichen Beziehungen bleiben dabei auf der Strecke. Viel zu viele Menschen lassen ihr Innenleben verkümmern. Wir hoffen, dass wir mit unseren Produkten und unseren Ratschlägen dieser Situation etwas abhelfen können."

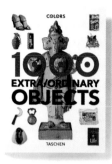

1000 Extra/Ordinary Objects
Ed. Colors Magazine
Flexi-cover, Klotz, 768 pp.

All-American Ads of the 50s
Ed. Jim Heimann
Flexi-cover, 928 pp.

All-American Ads of the 60s
Ed. Jim Heimann
Flexi-cover, 960 pp.

"It's a visual feat of truly weird and wonderful objects from around the world." —*Sunday Express*, London

" Buy them all and add some pleasure to your life."

ICONS